O Regime de Delegação da Prestação de Serviços Públicos

M819r   Moor, Fernanda Stracke
 O regime de delegação da prestação de serviços públicos / Fernanda Stracke Moor. — Porto Alegre: Livraria do Advogado, 2002.
 160p.; 16x23cm.

 ISBN 85-7348-220-6

 1. Serviços públicos. 2. Permissão de serviço público. 3. Concessão de serviço público. I. Título.
                             CDU - 351.712

 Índices para o catálogo sistemático:
 Serviços públicos
 Permissão de serviço público
 Concessão de serviço público

 (Bibliotecária responsável: Marta Roberto, CRB-10/652)

FERNANDA STRACKE MOOR

O Regime de Delegação da Prestação de Serviços Públicos

© Fernanda Stracke Moor, 2002

Capa, projeto gráfico e diagramação de
Livraria do Advogado Editora

Revisão de
Rosane Marques Borba

Direitos desta edição reservados por
Livraria do Advogado Ltda.
Rua Riachuelo, 1338
90010-273 Porto Alegre RS
Fone/fax: 0800-51-7522
livraria@doadvogado.com.br
www.doadvogado.com.br

Impresso no Brasil / Printed in Brazil

Dedico este livro ao meu esposo JOÃO, com todo o meu amor.

Agradecimentos

- Ao incansável tio e amigo Prof. Dr. Egon Roque Fröhlich, que me auxiliou em todos os momentos para que este trabalho chegasse ao final, a quem devo toda a minha gratidão;
- Aos meus pais, Lucídio e Jacinta, a eterna gratidão por tudo, especialmente por me proporcionarem uma educação voltada para a importância do estudo na minha vida;
- Aos meus irmãos, Luciana e Gustavo, e ao cunhado Carmo, pelo estímulo, com os quais compartilho minha conquista;
- Às minhas avós, Amanda e Cecília, pelas palavras de estímulo e apoio constante;
- À minha tia Clarice, pela amizade e o exemplo do amor pela educação;
- Para Helena, Alexandre, Cláudia, Maria Helena e Rita, pelo afeto e estímulo;
- À Comissão de Pesquisa e Aperfeiçoamento de Ensino Superior – CAPES, por ter concedido uma bolsa de estudos;
- Finalmente, o especial agradecimento ao meu orientador, Prof. Dr. Juarez Freitas, pelo apoio e estímulo desde o início do curso e pelo auxílio como orientador.

Prefácio

Com júbilo, prefacio a obra *O Regime de Delegação da Prestação de Serviços Públicos*, meritório trabalho de estréia de Fernanda Stracke Moor, que tive a honra de orientar no Mestrado em Direito da Pontifícia Universidade Católica do Rio Grande do Sul, atestando a sua vocação para o estudo sério e para a meditação comprometida, acima de tudo, com os superiores princípios. O tema escolhido é, deveras, um dos mais desafiadores no atual Direito Administrativo brasileiro. Se é certo que, irrenunciavelmente, a titularidade da prestação dos serviços públicos incumbe, em nosso sistema, ao Poder Público, não é menos certo que a delegação da execução indireta da prestação de tais serviços suscita, em termos conceituais e empíricos, a necessidade de uma respeitosa superação do corte rígido de algumas categorias de outrora.

Tomarei, apenas para ilustrar, alguns dos temas mais palpitantes. Veja-se o conceito de concessão de serviço público. Podemos entendê-la como delegação da prestação de serviços públicos por meio de contrato administrativo, bilateral e oneroso (não necessariamente *intuitu personae* no sentido tradicional) a pessoa jurídica (excluída a pessoa física) ou a consórcio de empresas capazes de assumi-lo, por prazo determinado e por sua conta e risco, mediante remuneração tarifária e/ou por meio de receita alternativa, em harmonia com os princípios regentes da Administração Pública, em regime necessariamente de Direito Público. Ora, o desdobramento deste conceito engendra vasta gama de desafios. Por exemplo, é só meditar sobre o caráter não-absoluto que ostenta o princípio da continuidade, requerendo cuidadosas matizações, tais como as constantes no art. 6º da Lei 9.987/95, mas, a meu juízo, não só aquelas. Identicamente, o regime será sempre de Direito Público, ao menos no tocante aos princípios superiores que regem tais relações de administração, porém, força reconhecer que a matéria, entre nós, está longe de ser sedimentada. Há, pois, muitíssimo labor desapaixonado a empreender na busca de uma nova coerência científica (para recordar a feliz expressão de Ilya Prigogine).

Neste horizonte, observe-se a polêmica acerca da natureza das permissões de serviços públicos, aliás bem enfrentada pela autora no segundo capítulo. Há os que, com bons argumentos, insistem em considerá-las como meros atos precários, ainda que simpatizantes desta perspectiva cuidem de relativizá-la, não raro, para efeitos de indenização. Há, ainda, os que sustentam que seriam contratos precários, algo que pode soar, à primeira vista, uma contradição em termos na seara administrativista, mas, examinada sem preconceito, aproxima-se esta posição da hipótese que se apresenta possivelmente a melhor. Há, então, os que, entre os quais se inclui este prefaciador, preconizam a natureza contratual da permissão, sem distinções de fundo em relação às concessões. Seja como for, o ponto fulcral consiste em bem responder se cabe indenização nos casos de extinção unilateral antes de findo o prazo nas permissões de serviços públicos (como curiosidade, lembro o conceito de permissão, com prazos máximo e mínimo, no bojo da Lei de Telecomunicações). Minha resposta é afirmativa, mas não pretende ser peremptória, pois a ciência publicista precisa ultrapassar reducionismos e exige o caminho estreito da permanente autocrítica e até da aceitação de hipóteses algo indeterministas, sobremodo tendo em conta a arquitetura vacilante da Lei 8.987/95. Na minha ótica atual, a leitura conjugada dos arts. 5º, XVIII e 40 deste diploma, à diferença do que sucede com a figura da permissão-ato de uso de bens públicos, põe-nos perante uma permissão-contrato de serviços públicos, ao menos como regra, de sorte que as diferenças, em relação às concessões, seriam residuais (v.g., modalidades licitatórias e sujeitos). Acolhida semelhante resposta sobre a natureza jurídica da permissão de serviços públicos, não se admite, pois, a revogação sem direito à indenização.

A seu turno, como tive ocasião de sustentar em vários escritos, a autorização de serviços públicos também requer tratamento novo em face do presente sistema constitucional, algo que mereceu a atenção da autora no capítulo sexto. Destarte, há inúmeras questões fascinantes para o exercício doutrinário dos que ousam aceitar o Direito em permanente construção. Somente para ilustrar: existem serviços públicos indelegáveis? Parece-me que sim, mas seria de todo conveniente identificarmos tais serviços indelegáveis (no meu entender de duas grandes espécies). Quais são os direitos dos consumidores de serviços públicos? Saliente-se, de passagem, que, embora a Emenda Constitucional 19 exija uma lei de defesa do usuário de serviços públicos, o Código de Defesa do Consumidor já nos permite efetuar um consistente trabalho doutrinário sobre a proteção do vulnerável usuário de serviços públicos. Ainda: em matéria de política tarifária, mostra-se adequado asseverar que a cobrança da tarifa poderá ser condicionada à existência de serviço público alternativo e gratuito para o usuário? No meu entender, somente nos casos expressos em lei. Com efeito, é o que reza o art. 9º da Lei 8.987/95, apesar da abstrusa redação legal. Outra questão desafiadora: em matéria de reequilíbro econômico-financeiro, a revisão da tarifa poderá ser para mais ou para menos? Sim, a meu juízo, não basta invocar o art. 9º da Lei 8.987/95. Mais uma bela questão: a remuneração do concessionário será exclusivamente tarifária? Tenho sustentado que não, com as devidas cautelas, numa exegese especialmente do art. 11 da Lei de Concessões, porém advogo a necessidade da revisão conceitual de receitas alternativas. Mais: seriam dispensáveis as licitações para concessão de serviços públicos? Tenho mantido, há muito, a posição de que, na sistemática constitucional, sempre deve haver licitação em tais hipóteses, o mesmo não sucedendo em relação à inexigibilidade (inviabilidade do certame licitatório), pois nem o constituinte poderia exigir o inexigível. Contudo, registro que, em sentido diverso, há quem admita hipóteses de dispensa com argumentos bem-lançados. Mais um exemplo de tema palpitante: existe a hipótese de rescisão amigável de concessões de serviços públicos? No meu entender, sim, inclusive porque há previsão de foro amigável (art. 23, XV, da Lei 8.987/95), menção expressa no caso da Lei de Telecomunicações (art. 115) e, ainda, porque assim o dispõe o art. 79, II, da Lei 8.666/93, aplicável no ponto, em que pese haver os que se fixam no art. 39 da Lei 8.987/95, que alude apenas à hipótese de rescisão judicial por descumprimento do contrato pela Administração Pública, exigindo até uma desproporcionalidade: o trânsito em julgado.

Como se percebe, o rol de questões ilustrativas mostra suficientemente o quanto precisamos estimular monografias como a da eminente professora Fernanda Stracke Moor, que enfrenta, com seriedade e brilho, a maior parte das questões apontadas sem temer as incertezas do regime da delegação da prestação de serviços públicos. A autora, com denodo e honestidade, revela, acima de tudo, o firme anelo de trabalhar para uma ciência publicista aberta ao contínuo aperfeiçoamento, apresentando, sem arrogância e numa linguagem despojada, uma valiosa e significativa contribuição.

Juarez Freitas

Professor Titular e Coordenador da Pós-Graduação em Direito da Pontifícia Universidade Católica do Rio Grande do Sul, Professor da Universidade Federal do Rio Grande do Sul e da Escola Superior da Magistratura-AJURIS, Vice-Presidente do Instituto Brasileiro de Direito Administrativo, membro da diretoria de pesquisa do Conselho Nacional de Pesquisa e Pós-Graduação em Direito, Conselheiro Científico da Sociedade Brasileira de Direito Público, Presidente do Conselho Editorial da Revista Interesse Público, Advogado, Consultor e Parecerista

Sumário

Introdução 15
1. Contextualizando o tema 19
2. Natureza contratual da concessão e permissão de serviços públicos 27
3. Serviço público e "privatização" por intermédio das delegações de serviços públicos para particulares 43
   3.1. As condições da prestação do serviço público delegado para a satisfação do usuário 52
4. Concessão de serviços públicos 61
   4.1. Formação do contrato de concessão 62
   4.2. Características da concessão de serviços públicos 65
      4.2.1. *Intuitu Personae* 66
      4.2.2. Temporariedade e garantia de estabilidade para concedente, concessionário e usuário 78
      4.2.3. Onerosidade e remuneração da concessão 80
      4.2.4. Exclusividade da concessão 82
      4.2.5. Comutatividade e participação 83
      4.2.5.1. Poderes e encargos que decorrem da comutatividade 87
   4.3. Modificação do contrato e a preservação da sua essência 93
      4.3.1. Elementos que participam da formação do equilíbrio contratual 100
5. Permissão de serviços públicos 109
   5.1. Natureza jurídica 109
   5.2. Características 110
6. Autorização de serviços públicos 115
7. Controle social para a busca de uma maior efetivação dos serviços públicos como direitos fundamentais sociais 119
   7.1. O controle social para a garantia do equilíbrio contratual 120
   7.2. Intervenção do poder público e modos de extinção do contrato para melhor adequação aos interesses da sociedade 128
   7.3. O concessionário contratante: limite dos riscos assumidos pelas partes e a possibilidade de beneficiar o usuário 133
   7.4. Participação democrática por meio do controle social da adequação do serviço 142

Conclusão 151

Referências bibliográficas 157

Introdução

O momento histórico atual é caracterizado por profundas alterações no Direito Administrativo que perpassam os seus institutos. Nesta perspectiva, o presente estudo tem como objeto a delegação de serviços públicos como forma descentralizada de prestação, cujo regime é instrumento composto por princípios e normas que visam ao equilíbrio dos interesses público e privado envolvidos, afastada, no entanto, a rígida distinção entre as esferas pública e privada, para juntas buscarem alcançar a boa prestação do serviço público. A delegação pode ser estabelecida por diferentes institutos – concessão, permissão ou autorização –, dependendo a escolha por um deles de uma série de fatores e exigências que farão parte da investigação de cada uma das espécies em separado.

A impossibilidade de estabelecer rígida distinção merece destaque com a verificação também das normas e dos princípios incidentes, considerando que os superiores princípios juspublicistas que indicam as premissas básicas do regime não impedem que normas privadas também incidam supletivamente, disciplinando de algum modo a matéria. Apesar de ser a delegação utilizada há muito tempo no Direito Pátrio, verifica-se uma tendência crescente de utilizá-la sob um enfoque que atenda às mais modernas exigências de consumo como qualquer serviço que é destinado para uma coletividade de usuários.

Neste estudo também são expostos os requisitos que as empresas devem seguir, ressaltando-se a capacidade de realizar investimentos e assumir custos para a implantação de um serviço que atenda às exigências e parâmetros de qualidade, podendo esta espécie de prestação contribuir para a formação de um "Estado Essencial", capaz de bem desempenhar as tarefas que efetivamente são indispensáveis para a coletividade referida. O Estado não fica desonerado, em termos de investimentos públicos, com a prestação descentralizada de determinados serviços públicos, mas diminui consideravelmente os gastos dos cofres públicos.

A existência descentralizada da prestação dos serviços é disciplinada por um regime próprio, partindo de princípios e normas, sendo o objeto central deste estudo explicá-las a partir de seus elementos básicos, trazendo inovações na prestação dos serviços públicos e cujas implicações farão parte de uma investigação mais aprofundada da matéria no decorrer deste trabalho. A partir da existência das duas diretivas básicas, das quais decorrerá a formação do regime, será possível determinar a natureza jurídica das formas de delegação, no cotejo das perspectivas e interpretações teóricas, explicitando as diferentes abordagens dos autores estudados.

A Administração concedente estabelece as condições da prestação do serviço que atendam aos pressupostos de adequação estabelecidos na legislação, visando a uma melhor satisfação do usuário, sem deixar de considerar a esfera do prestador do serviço quando do seu estabelecimento. Nesta perspectiva, a formação do contrato procura ser analisada para reforçar a necessidade da via negocial e a noção de obrigações recíprocas, para depois destacar as principais características da concessão, enfatizando para a exigência de licitação e escolha do concessionário ou permissionário que atenda às exigências impostas, a temporariedade como fator que promove a estabilidade do ajuste, a necessária remuneração do concessionário e a sua distinção com o fator onerosidade, a exclusividade, além da comutatividade do contrato com a correlata participação.

Este estudo também destaca uma série de meios para a adequação do serviço, que são assegurados pelo regime, procurando que sejam cumpridos seguindo as exigências legais, na dimensão da contratualidade que impõe obrigações recíprocas e a possibilidade de assegurar indenizações para a parte que sofreu prejuízo com o não-cumprimento dentro dos limites definidos no contrato. Por isso, ressalta-se a importância do princípio da segurança jurídica na concessão e permissão, tendo em vista a natureza contratual que lhes é conferida para a garantia de todos os interessados, quais sejam, concedente, concessionário e usuário, conforme se propõe no correr da pesquisa. A submissão dos institutos da concessão e permissão ao procedimento obrigatório – e sem exceção – da licitação, destacará o compromisso da Administração concedente com a escolha ótima, exigindo a capacidade de efetivamente cumprir a prestação do serviço nos termos definidos para o caso concreto, cuja importância será revelada à vista da modalidade de licitação exigida, surgindo como determinante para efetivamente destacar a tendência atual da contratualidade.

A observância da segurança nas relações estabelecidas para a prestação descentralizada do serviço também se enfatiza neste estudo com a análise dos diferentes interesses envolvidos, ressaltando a necessidade de uma constante adaptação para acompanhar as exigências do interesse público, já que o princípio da mutabilidade pode incidir em parcela das cláusulas do contrato para garantir o interesse público referido, trazendo implicações que muitas vezes exigem uma contrapartida da Administração concedente.

O serviço público, destinado para uma universalidade de pessoas, e a natureza jurídica influenciada pela sua presença, torna as formas da concessão e permissão bastante próximas. Por isso, a verificação dos elementos a identificar um serviço público e a forma contratual a ensejar maior segurança nas relações jurídicas em que tal serviço serve de objeto, são comuns para as duas modalidades referidas. Nesta perspectiva, dá-se ênfase à contratualização, apresentando esta características próprias em face da presença do interesse público a tutelar. Em matéria contratual, uma tendência que também nos contratos públicos se acentua está relacionada com a valorização da pessoa humana, operando verdadeira "repersonalização" do contrato, influenciada na atualidade com a incidência também do Código de Defesa do Consumidor na esfera da prestação dos serviços públicos, além da influência do Estado Democrático de Direito e da sociedade de massas como indicadores de novos rumos e medidas capazes de ensejar transformações e melhorias na adequação do serviço e conseqüente acesso do usuário ao mesmo.

A ênfase maior dada ao usuário no estabelecimento das condições para uma melhor satisfação das suas necessidades enseja o destaque à questão da tarifa e às diferentes formas de ajuste do valor a um limite que seja razoável, e muitas vezes até diferenciado conforme os destinatários do serviço. Neste âmbito, será analisada a possibilidade de que sejam empregados recursos provindos dos cofres públicos, capazes de influenciar o processo de melhoria da adequação do serviço e a sua universalização, em maior ou menor grau, dependendo da maneira como a Administração concedente procederá na fase interna da licitação, da qual são dependentes, em grande parte, os resultados do contrato.

A par da temática da tarifa, também a esfera de proteção patrimonial do contratante deve ser submetida ao controle social, sendo esse controle um aspecto inovador, por isso, amplamente enfatizado neste estudo, com a investigação direcionada para as contribuições que podem advir do seu exercício, especialmente na busca de um cumprimento efetivo dos direitos fundamentais envolvidos na temática da prestação de serviços públicos. A maior ênfase ao fator da participação do usuário, ainda que esteja muito aquém do esperado, inclusive por não haver ainda regulamentação da matéria, é considerada a partir do princípio da participação como sendo um princípio constitucional do serviço público, a exigir o controle da prestação e da adequação do serviço como uma possível forma de coibir atuações ilegais ilegítimas, em nome do respeito da Dignidade da Pessoa Humana, prioridade em matéria de controle.

O equilíbrio contratual e o controle social passam a ter uma análise conjunta, com o importante princípio da proporcionalidade possibilitando uma correta ponderação dos principais valores, quais sejam: serviço adequado, justa remuneração e tarifa módica, visando o acesso de todas as camadas sociais ao serviço público, sem impedir a prestação do serviço feita pelo particular. Além do controle do usuário existem outras formas, porém a preocupação com a realização no caso concreto resulta da dependência da própria efetivação dos direitos sociais, considerando a medida de atuação do controlador em fazer ou não cumprir direitos, ainda mais quando dependem de recursos públicos. Deste modo, há o desafio dos responsáveis pelo controle em procurar alternativas para que todos os princípios envolvidos, com a ponderação já referida, sejam apenas relativizados e nunca excluídos diante de um conflito entre eles, ao contrário do que pode ocorrer com as normas, evitando que entre dois valores legítimos um deles não seja priorizado em detrimento ou sacrifício exagerado do outro.

A incidência do Código de Defesa do Consumidor, vinculando a interpretação das cláusulas do contrato aos princípios da vulnerabilidade do consumidor, bem como ao princípio da proibição da onerosidade excessiva, não basta por si só, pois em muito depende do controle social, que passa a ser fator de contribuição na busca da valorização do usuário, bem como indispensável fator para a verificação de resultados no caso concreto. O que se quer destacar são justamente os progressos que podem advir desse controle, e em que medida poderão repercutir para a tomada de iniciativas do Estado, além da demonstração da importância que têm para o cumprimento dos direitos individuais sociais.

No âmbito do estudo proposto, que integra os princípios e normas a formarem o regime de delegação da prestação de serviços públicos, a importância da matéria decorre especialmente da noção de controle do serviço público com maior ênfase à participação do usuário, sob a forma de controle social decorrente do Estado Democrático de Direito e da previsão desta participação no regime, como fator capaz de influenciar a adequação do serviço e equilíbrio contratual, por meio da busca de soluções capazes de conciliar os diferentes interesses que integram o regime, procurando garantir um serviço cada vez mais acessível a todos os potenciais usuários, de acordo com os superiores princípios juspublicistas a incidirem na prestação dos serviços públicos, que integram os direitos fundamentais sociais, como se exporá a seguir.

1. Contextualizando o tema

O Estado, originariamente, tem a tarefa de garantir determinados serviços públicos básicos, serviços esses que vão-se tornando cada vez mais exigentes, na medida em que a sociedade se moderniza através das mais avançadas tecnologias, de forma a criar necessidades capazes de propiciar uma maior qualidade de vida.

Paralelamente aos avanços da modernidade, também o Estado precisa achar meios que garantam as prestações dos serviços públicos em massa, de forma a assegurar, mesmo assim, a eficiência, a qualidade e a continuidade do serviço. Se a Administração Pública não presta serviços adequados e satisfatórios, está descumprindo seus deveres essenciais,[1] cabendo-lhe, então, a utilização do instituto da delegação como uma das alternativas capazes de auxiliar o Estado a garantir que o serviço público seja efetivamente prestado para atender a demanda de toda a coletividade.

A crescente privatização no âmbito da Administração Pública consiste num processo em desenvolvimento, capaz de assumir diferentes formas, na perspectiva de uma efetiva redução do tamanho do Estado e redução da atuação do mesmo, resultando no fortalecimento da iniciativa privada, a qual passa a exercer parcela da função pública e fica numa posição jurídica própria diante dos usuários de serviços públicos.

O novo quadro que se estabelece na Administração Pública está diretamente ligado à noção de serviço público, com a característica de que, reduzindo a participação direta do Estado na execução dos serviços, a sua dimensão fiscalizadora seja ampliada.[2] Nesta perspectiva, com a privatização, que no final deste século se acentua mundialmente, passam novamente à esfera privada determinadas atividades que antes eram exercidas pelo Estado, sendo algumas das privatizações de fato ou por concessão ou licença outorgadas pela Administração Pública, dentro da nova realidade econômica qualificada como serviço público e o novo regime que a rege.

---

[1] JUSTEN FILHO, Marçal. *Concessões de Serviço Público*. São Paulo: Dialética, 1997, p. 36.
[2] FREITAS, Juarez. *Estudos de Direito Administrativo*. 2. ed. São Paulo: Malheiros, 1995, p. 37.

A noção jurídica de serviço público se centra na idéia de um regime especial, que sofre a influência do legislador como fator determinante na definição de quem prestará a atividade, por quanto tempo e sob quais condições, além da influência da jurisprudência para indicar os princípios jurídicos conformadores. Assim, apesar de na prática a condição de "monopólio" determinar a incidência de um regime especial de direito público em determinadas atividades, ou haver uma tendência em considerar o objeto e o fim do serviço público como fatores principais, é da legislação e da jurisprudência que depende o regime jurídico de direito público.[3]

Considerando a referida privatização no seu sentido amplo, a delegação de serviços públicos constitui uma de suas formas, tendo em vista o deslocamento do desempenho da gestão do serviço público para pessoas privadas, bem como a utilização de métodos do setor privado para a sua concretização, repercutindo no âmbito legal e econômico do poder estatal, do delegatário e do usuário do serviço público. A sua influência no âmbito do Direito Administrativo se reflete na utilização do termo "parceria" por parte da doutrina, de modo que a delegação de serviços públicos passa a ser uma de suas formas, com a característica de passar por um processo de adaptação à nova realidade emergente, renascendo com "nova força e novo impulso", para acompanhar as exigências que vão surgindo na sociedade, ou vão sendo impostas pela legislação, como é o caso da satisfação dos interesses do usuário-consumidor na esfera da prestação de serviços públicos.[4]

As delegações para particulares nascem de uma determinação estatal, e são resultado da incapacidade por parte do Estado em tomar para si todas as tarefas, o qual passa a prestação de determinados serviços públicos para a esfera de particulares, sejam pessoas físicas ou jurídicas, dependendo da espécie de delegação, com a finalidade de, em regra, atingir a coletividade genericamente considerada. A concessão e a permissão produzem encargos para os delegatários do serviço público e, por contrapartida, também geram direitos. A autorização produz pequenos encargos para a Administração na exata medida em que gera restritos deveres para os particulares.[5] As primeiras são destinadas para a coletividade, genericamente falando, resultando na prestação do serviço público sob as mesmas condições e prerrogativas como se a própria Administração Pública o prestasse, ao passo que a segunda é destinada para um particular que utiliza o serviço de forma individualizada e restrita. No entanto, considerando o serviço

---

[3] GORDILLO, Agustín. *Tratado de Derecho Administrativo*. La Defesa Del Usuário y Del Administrado. Buenos Aires: Fundación de Derecho Administrativo, 1998. t. 2, p. 5, 6, 15 e 16.

[4] DI PIETRO, Maria Sylvia Zanella. *Parcerias na Administração Pública*. 3 ed. São Paulo: Atlas, 1999, p. 13, 17 e 18.

[5] JUSTEN FILHO, Marçal. *Concessões* ... Op. cit., p. 90.

público em termos gerais e sendo ele uma função estatal, desenvolvido pelos concessionários privados por circunstâncias econômicas, está claro que eles têm as faculdades básicas que teria o Estado se o prestasse pessoalmente. Desta condição também resulta a possibilidade de intervenção do Estado, que tem por base o interesse público ou interesse geral de um país, assim já considerado por legislação bastante remota, para quem a intervenção tem dois aspectos distintos: o aspecto positivo, considerando que o Estado deve agir ativamente, e o aspecto negativo, deixando determinado espaço para o indivíduo agir.[6]

Com as delegações de serviços públicos, o serviço é descentralizado através da transferência de sua gestão a terceiro, por contrato ou ato unilateral, preservando o Estado a titularidade. Tendo em vista a manutenção da qualidade de serviço público na atividade a ser exercida pelo particular, os elementos que integram a noção de serviço público consistem, numa primeira dimensão, na satisfação de necessidades que atingem os administrados em geral, o que não basta para a sua compreensão juridicamente falando, devendo estar presente, fundamentalmente, a prestação do serviço sob um regime de direito público.[7] No entanto, a noção de serviço público precisa ser analisada levando em consideração a submissão de tal regime às variações das políticas econômicas, conforme o contexto de cada época.[8]

É este regime especial o responsável pelo controle das atividades determinadas legalmente, com a utilização dos vários tipos de institutos para a formalização da delegação do serviço público, passando a ser atribuídos ao particular determinados privilégios legais específicos para prestar o serviço por determinado tempo e sob determinadas condições. Todas as atividades exercidas dentro de tal regime mantêm a natureza pública do serviço, com suas características e requisitos próprios, de modo que apenas é transferida ao particular a prestação, e não a titularidade do serviço. A titularidade do serviço justamente é mantida porque o Estado não pode desvincular-se dos fins públicos impostos constitucionalmente, com o surgimento da idéia de serviço público como atividade essencialmente estatal.[9]

A categoria de serviços estabelecidos para comporem o objeto das delegações está inserida no âmbito dos serviços comerciais e industriais, que apesar da prestação por um particular anteriormente referida, adquirem

---

[6] SALOMONI, Jorge Luis. *Teoria General de los Servicios Públicos*. Buenos Aires: Ad Hoc, 1999, p. 147 e 172.

[7] BANDEIRA DE MELLO, Celso Antônio. *Curso de Direito Administrativo*. 11. ed. São Paulo: Malheiros, 1999, p. 479.

[8] GORDILLO, Agustín. Op. cit., p. 2.

[9] SALOMONI, Jorge Luis. Op. cit., p. 172.

a qualidade de serviços públicos. Justamente por ser o objeto que define a modalidade de parceria na esfera das delegações, alguns aspectos devem ser considerados: as atividades delegáveis não são exclusivas do Estado; as concessões e permissões só podem ter por objeto atividades de natureza econômica, passíveis de serem financiadas pelos usuários do serviço público; e, nas concessões e permissões o serviço público tem sentido restrito, considerando que deve haver uma satisfação individual e direta das necessidades do cidadão.[10]

Nesta perspectiva, a prestação indireta de serviço público pelo instituto da delegação de serviços públicos tem previsão constitucional, além da regulamentação com a edição das Leis 8.987/95 e 9.074/95, especialmente. As leis citadas, após décadas de espera, finalmente são editadas para a garantia da satisfação do interesse público, através da utilização de critérios objetivos. Convém destacar que tais leis regulamentam basicamente os institutos de concessão e permissão de serviços públicos. O regime destes últimos institutos não se limita às leis citadas, integrando, além das normas e dos princípios de raiz constitucional, também a Lei 8.666/93, assim como as leis locais, os atos e contratos administrativos.

As delegações na forma de permissão e concessão do serviço público são efetivadas pelo instituto do contrato, e constituem ajustes que assumem feição preponderantemente pública, tendo em vista que os contratos da Administração Pública trazem sempre, de forma expressa ou implicitamente, cláusulas que transcendem o mero privatismo pela própria natureza dos fins almejados com o ajuste, buscando harmonizar o interesse público com o interesse singular lícito,[11] do que resulta destacar a impossibilidade de impor uma rígida distinção entre o público e o privado. Também no Direito Público o contrato sofre influência da sociedade de massas e do Estado Democrático de Direito,[12] Estado este voltado para a realização da Justiça Social, culminando no Brasil com as disposições do Código de Defesa do Consumidor, que traz dispositivos sobre a prestação dos serviços públicos, considerando em especial aquele dispositivo que também situa na categoria dos fornecedores os órgãos públicos, suas empresas, concessionárias e permissionárias.

---

[10] DI PIETRO, Maria Sylvia Zanella. *Parcerias...*. Op. cit., p. 41 e 45.

[11] FREITAS, Juarez. *Estudos* ... Op. cit., p. 175.

[12] STRECK, Lenio Luiz. *Hermenêutica Jurídica e(m) Crise* – Uma Exploração Hermenêutica da Construção do Direito. 2. ed. Porto Alegre: Livraria do Advogado Editora, 2000, p. 39 e 45. No decorrer deste estudo será utilizada a denominação Estado Democrático de Direito, mas parte da doutrina o denomina de Estado Democrático e Social de Direito, considerando que Estado Democrático de Direito representa a vontade constitucional de realização do Estado Social, a exemplo do autor citado.

A impossibilidade de uma rígida distinção entre o público e o privado acima referida se torna facilmente compreensível, quando a instalação e concessão dos serviços públicos essenciais para a persecução dos fins almejados pelo Estado é considerada tarefa pública e privada que a Constituição distribui entre o Estado e o particular, considerando que estes últimos constituem os meios que conjuntamente buscam determinada finalidade, com a característica de que os particulares ou companhias privadas cumprem a sua atividade gravada por obrigações de natureza pública, com a propriedade privada afetada a um interesse público, o que as diferencia das corporações pura e estritamente privadas.[13]

A disciplina das delegações revela a existência de duas esferas muito distintas na prestação de serviços públicos: de um lado, o Estado que passa a prestação do serviço público para um particular, e, de outro, o particular objetivando o lucro como contraprestação pelo encargo de prestar o serviço. O pressuposto básico para o entendimento da relação que se estabelece entre as partes numa delegação é no sentido da existência de um regime especial, caracterizado pela presença dos mais elevados princípios juspublicistas, para garantir a prestação do serviço público da forma como se o próprio Estado o prestasse, procurando conciliar o aspecto da existência do referido regime, indispensável para assegurar as características do serviço público como a continuidade, a igualdade do usuário e a mutabilidade, com o aspecto do respeito ao modo de atuação das empresas privadas em termos de relacionamento com os empregados e terceiros, organização, estrutura, dentre outros.[14]

O grande desafio da legislação que regulamenta as delegações do serviço público é a busca de uma maior participação do particular que está num dos pólos da relação estabelecida com a Administração Pública, além da participação de qualquer cidadão, que dispõe de meios de fiscalização e controle do serviço público desempenhado. No entanto, a presença de um regime jurídico especial regendo a relação jurídico-administrativa que se estabelece entre a Administração Pública e o particular, justamente se faz necessária pela existência de um interesse público a tutelar, sem deixar de respeitar os limites dispostos no instrumento contratual para que ambos os interesses sejam preservados, além do comprometimento com a manutenção do equilíbrio existente quando do estabelecimento da relação contratual.

Nesta perspectiva, o regime jurídico de direito público, regendo as delegações de serviços públicos, pela existência de um interesse público a ser preservado, impõe necessariamente uma atuação da Administração

---

[13] SALOMONI, Jorge Luis. Op. cit., p. 147 e 160.
[14] DI PIETRO, Maria Sylvia Zanella. *Parcerias* ... Op. cit., p. 53.

Pública conforme os princípios máximos do Direito Administrativo, apesar de a contratação com particular envolver a legislação privada. Em face da natureza principiológica juspublicista das relações com a Administração, o regime dos seus contratos é peculiar, de forma a assegurar ao Poder Público a possibilidade de modificar unilateralmente os contratos.[15]

Por isso o regime é caracterizado pela existência de prerrogativas, necessárias à satisfação do interesse público, e restrições, indispensáveis para a proteção dos direitos individuais, com a supremacia do interesse público relativizada para evitar que os interesses dos particulares não sejam negados, além de evitar um reequilíbrio abusivo ao usuário.

Assim, o regime jurídico da prestação dos serviços públicos delegados continua a ser público, com a inovação no regime jurídico da remuneração, pelo qual o particular, para exercer os serviços públicos, utiliza regras privadas previstas contratualmente. Fica o desafio de conciliar as imposições constitucionais, as garantias do delegatário, as prerrogativas administrativas, e a preservação dos interesses dos usuários do serviço.

Tendo em vista a disciplina da delegações de serviços públicos por regime jurídico juspublicista, a interpretação das normas de direito público é no sentido de proporcionar a satisfação do interesse público, sem deixar de preservar a esfera do particular que contrata com a Administração Pública, na perspectiva de uma conciliação harmoniosa e equilibrada entre os dois interesses. Na busca de tal conciliação, o papel da interpretação é fundamental, com uma posição da doutrina entendendo que tal interpretação integra princípios, normas e valores, sendo as normas entendidas como preceitos menos amplos e axiologicamente inferiores que devem harmonizar-se com os princípios conformadores, enquanto os valores são considerados quase com o mesmo sentido dos princípios, com a diferença de estes últimos apresentarem a forma de diretrizes em maior grau e intensidade, que falta aos valores.[16] Outra posição doutrinária é no sentido de considerar princípios e regras como normas, pois dizem o que deve ser; são razões para juízos concretos de dever ser e podem ser formulados com a ajuda das expressões deônticas básicas do mandato, da permissão e da proibição.[17]

A primeira posição doutrinária acima referida será adotada no decorrer do estudo, no sentido de considerar normas, princípios e valores como categorias autônomas, de acordo com a hierarquia que é conferida a cada uma delas, considerando as peculiaridades do Direito Administrativo, que apresenta uma hierarquização condicionada própria. Neste sentido, a in-

---

[15] FREITAS, Juarez. *Estudos ...* Op. cit., p. 178 e 179.

[16] FREITAS, Juarez. *A Interpretação Sistemática do Direito*. São Paulo: Malheiros, 1995, p. 42.

[17] ALEXY, Robert. *Teoria de los Derechos Fundamentales*. Madrid: Centro de Estudios Constitucionales, 1997, p. 83.

terpretação é restritiva por ser "o monopólio" da prestação dos serviços públicos uma exceção dentro do contexto da livre competência garantida pela Constituição, mas são justamente as particularidades do regime que regem as atividades constitutivas de serviços públicos que impõem tal tendência na interpretação dos poderes concedidos, especialmente pelo fim público envolvido, ensejando um controle dos tribunais cada vez mais efetivo, quando a relação entre as partes contratantes reclama o restabelecimento do equilíbrio entre o investimento comprovadamente feito, útil e eficaz, além do ganho justo e razoável da contraprestação pelo serviço prestado, com a especial característica de, em caso de dúvida em matéria probatória, beneficiar o usuário.[18]

Para justificar uma intervenção efetiva na formação e fixação das tarifas, para a doutrina estrangeira a mesma é resultado da condição de uma concessão ceder para o particular o monopólio de um serviço público.

Contrária a essa posição, a justificativa também já foi baseada no aspecto da titularidade dos serviços públicos, fazendo parte, esta última, da mais moderna concepção de serviço público.

No âmbito da fixação das tarifas, a intervenção do Estado se acentua para evitar que uma falta de controle deste último e a conseqüente liberdade excessiva por parte do concessionário pudessem submeter aqueles que necessitam dos serviços públicos a uma verdadeira opressão econômica.[19] Resulta, então, uma interpretação na fixação do valor das tarifas, que não deve exceder os limites do razoável, devendo o mesmo ser justo, razoável e módico.

Ainda em matéria de controle dos serviços públicos concedidos, permitidos ou autorizados, a Administração Pública dispõe de poderes que ela própria utiliza para garantir a prestação do serviço público, mas esta não é a única maneira, tendo em vista a recente criação das agências reguladoras, que também exercem tais poderes, às quais foi conferido um extenso rol de atribuições.

---

[18] GORDILLO, Agustín. Op. cit., p. 16, 17, 26, 28 e 29.
[19] SALOMONI, Jorge Luis. Op. cit., p. 161 e 163.

2. Natureza contratual da concessão e permissão de serviços públicos

O regime jurídico das concessões e permissões consiste em um conjunto de normas e princípios cuja matriz é constitucional, mas é integrado por leis federais (basicamente, as Leis nºs 8.666, 8.987 e 9.074), leis locais, atos e contratos administrativos. Quanto aos princípios, o regime jurídico integra a mutabilidade do regime jurídico da prestação do serviço público, a continuidade do serviço público, a igualdade de tratamento dos usuários, a modicidade das tarifas, a obrigatoriedade de prestação de serviço adequado, a fiscalização pelo Poder Público, e a possibilidade de intervenção. Com a Lei 8.987/95, também os princípios da ausência de exclusividade na exploração do serviço (art. 16), liberdade de escolha do usuário (art. 7º, III) e competitividade (art. 29, XI) integram a disciplina da prestação dos serviços concedidos, na perspectiva de trazerem contribuições positivas em diversos aspectos, visando a acompanhar os avanços e exigências da atualidade.

No âmbito das concessões de serviços públicos, basicamente, são três as teorias que procuram explicar a sua natureza jurídica, sendo classificadas em unilaterais, contratuais e mistas. As teorias unilaterais consideram a concessão um ato da Administração Pública ou dois atos isolados (um da Administração e outro do concessionário) considerados autônomos e suficientes. As teorias contratuais explicam a concessão como um contrato público, privado ou misto. Já para as teorias mistas a concessão não é um ato apenas, mas um conjunto de comportamentos administrativos, aperfeiçoados por um ato administrativo unilateral seguido de um contrato.[20]

O Professor Oswaldo Aranha Bandeira de Mello, após um detalhado estudo sobre a natureza jurídica das concessões, conclui entendendo esta espécie de delegação como um ato complexo, envolvendo um ato-união e um contrato de Direito Privado. Para essa teoria, o poder regulamentar da

---

[20] ROCHA, Cármen Lúcia Antunes. *Estudos sobre Concessão e Permissão de Serviço Público no Direito Brasileiro*. São Paulo: Editora Saraiva, 1996, p. 34 e 35.

Administração Pública, quanto ao regime de execução da prestação do serviço corresponde a ato jurídico administrativo, e o aspecto patrimonial, insuscetível de modificação unilateral, compreende o aspecto contratual de direito privado, pois na sua concepção, inexiste contrato administrativo ou de direito público com regime jurídico diverso do contrato de direito privado.[21] Neste sentido também o entendimento de Celso Antônio Bandeira de Mello, defensor da natureza da concessão como ato e não como contrato.[22]

Outro entendimento não reconhece diferença substancial entre o contrato de direito civil e o contrato administrativo, reconhecendo que o direito administrativo adota o contrato como instituição lógico-jurídica geral e o modifica até convertê-lo num contrato administrativo.[23] Posição semelhante adota Marcello Caetano, para quem o contrato de Direito Público cabe no mesmo conceito genérico de contrato em que se filia o contrato civil, não considerando incompatível a noção de contrato com este ramo do Direito Público, e nem aponta uma distinção essencial com o contrato civil, mas reconhece que, por ser o contrato de direito público fonte de relação de Direito Público, predomina a disciplina imposta pelo interesse público.[24]

Dentre os diferentes posicionamentos doutrinários existentes sobre esta questão, há entendimento doutrinário no sentido de considerar que, além de não entender incompatível o contrato com o Direito Público, considerá-lo também não essencialmente diferente aos contratos da tradição civilista.[25] De outro modo, também existe entendimento pelo qual, conhecendo-se as diferenças e especificidades dos contratos e aplicando-se regras próprias, seria irrelevante afirmar ou negar a natureza contratual,[26] pois para todas as correntes, inclusive para a da natureza contratual, seriam admissíveis variações em determinadas cláusulas, e como adiante se verá, esta distinção também é basicamente formal pelos reflexos que a possibilidade de alteração de determinada categoria de cláusulas (cláusulas de serviço) acarreta, na prática, na outra categoria de cláusulas (cláusulas contratuais), em decorrência do princípio da mutabilidade.

---

[21] ARANHA BANDEIRA DE MELLO, Oswaldo. Contrato de Direito Público ou Administrativo. *Revista de Direito Administrativo*, Rio de Janeiro, n. 88, p. 15-33, abr./jun. 1967.

[22] BANDEIRA DE MELLO, Celso Antônio. Op. cit., p. 508.

[23] ENTERRÍA, Eduardo Garcia de; FERNANDEZ, Tomás-Ramón. *Curso de Direito Administrativo*. São Paulo: Revista dos Tribunais, 1990, p. 61.

[24] CAETANO, Marcello. *Manual de Direito Administrativo*. Rio de Janeiro: Forense, 1970. Tomo I, p. 516 e 519.

[25] Idem, p. 516.

[26] JUSTEN FILHO, Marçal. *Concessões* ... Op. cit., 50 e 51.

A teoria do contrato de direito público ou administrativo tem prevalecido no entendimento doutrinário, tendo esta teoria os seus elementos firmados em face das decisões do Conselho de Estado Francês, mas se afastou muito dos preceitos da teoria do contrato privado ao dispor de prerrogativas para assegurar o interesse público,[27] ficando caracterizado pela presença da Administração Pública e a sua regência por princípios juspublicistas, ainda que não integre apenas normas de Direito Público.[28] Dessa forma, o regime jurídico próprio acaba resultando na existência de um "contrato especial", com perfil próprio, capaz de ter as suas cláusulas alteradas, pois a existência de uma regulação anterior torna os princípios da teoria geral dos contratos e as disposições do Direito Privado aplicáveis apenas supletivamente.[29] Esta posição reafirmando a tendência contratual vai ao encontro da mudança que se opera na Administração Pública, com o Estado não apenas prestador direto de serviços, mas que estimula, ajuda e subsidia a iniciativa privada, a fim de que a parceria entre o público e o privado substitua a Administração Pública dos atos unilaterais.[30]

Como todo contrato público, também o contrato especial submetido ao regime da concessão e permissão está vinculado a uma finalidade, observância de procedimento, forma, cláusulas exorbitantes, mutabilidade, em face da presença das prerrogativas e sujeições do Poder Público; as prerrogativas conferem poderes à Administração, que a colocam em posição de supremacia sobre o particular, e as sujeições servem de limites para assegurar o respeito às finalidades públicas e os direitos dos cidadãos. Nos contratos de Direito Público, a relação nasce do encontro ou do livre acordo de vontades sobre determinado objeto, com a presença de interesses contraditórios e reciprocamente condicionantes, e efeitos jurídicos para ambas as partes.[31] Por isso, na mesma medida que o particular assume obrigações, também o Estado as assume nas relações jurídicas que estabelece, e essas obrigações originam direitos que colocam os titulares em situações individuais imodificáveis por leis futuras, sem que haja a devida indenização.[32]

No amplo contexto em que se insere tal contrato, o que o caracteriza de modo especial é a possibilidade de ter suas cláusulas alteradas, apesar da presença do contratante particular em um dos pólos do ajuste, do que resulta a indeterminação do conteúdo do contrato pelo Estado amparado

---

[27] MEDAUER, Odete. *Direito Administrativo Moderno*. 2. ed. São Paulo: Editora Revista dos Tribunais, 1998, p. 225.
[28] FREITAS, Juarez. *Estudos* ... Op. cit., p. 178.
[29] JUSTEN FILHO, Marçal. *Concessões* ... Op. cit., p. 114, 180 e 181.
[30] DI PIETRO, Maria Sylvia Zanella. *Parcerias* ... Op. cit., p. 14.
[31] DI PIETRO, Maria Sylvia Zanella. *Direito Administrativo*. 5. ed. São Paulo: Atlas, 1995, p. 240.
[32] CAETANO, Marcello. Op. cit., p. 517.

na supremacia do interesse que representa, o que não significa que haja um poder ilimitado em alterar as condições do contrato a ponto de modificar o objeto, tornando inviável a execução do serviço. O contratante que presta serviço público está agindo em nome próprio, mas no interesse público, sendo condição implícita a sua sujeição às alterações referidas.

Neste sentido Francisco Campos, adepto da corrente que atribui natureza contratual à concessão de serviço público, fundamenta que, pelo vínculo firmado, uma das partes adquire em relação à outra o direito às obrigações pactuadas, não podendo uma delas, sem a aquiescência da outra, modificar os termos em que se traduzir no contrato o estado de equilíbrio entre os seus interesses.[33] Do aspecto da sujeição voluntária e remunerada do concessionário decorre a manutenção do equilíbrio contratual pelas alterações que incidirem posteriormente à realização do contrato, e que não sejam resultado do risco normal de qualquer negócio, considerando que o contratante, apesar de agir no interesse público, busca basicamente o lucro como em qualquer relação normal de negócios.

Da condição de contrato especial resulta a diversidade de cláusulas, sendo as contratuais as que compreendem a fixação da equação econômico-financeira envolvendo acordo de partes,[34] ao passo que as regulamentares são definidas conforme a satisfação do interesse público o exigir, por isso a presença das características de mutável e flexível das cláusulas, sem perder a natureza de contrato de concessão. Esta distinção marca a compreensão do Regime Jurídico que disciplina a espécie de delegação em análise, pois o regime especial do contrato referido no art. 175, parágrafo único, I, da CF/88, regido por princípios e normas desta seara jurídica,[35] justamente consiste na derrogação do princípio de que o contrato constitui-se lei imutável entre as partes.[36] Há que considerar, acima de todos esses aspectos, que a Administração concedente e concessionário privado aparecem como colaboradores comprometidos com o mesmo fim, dentro da idéia de que um interesse condiciona o outro, visando a assegurar a continuidade do serviço, mesmo que para isso sejam obrigados a assumir eventuais alterações nas condições do ajuste firmado.[37] Essa continuidade representa o interesse público quando está em pauta a prestação de um serviço público, com a rigorosa observância não só aos preceitos legais e disposições contratuais, mas da sua interpretação de acordo com os supe-

---

[33] CAMPOS, Francisco. *Direito Administrativo*. Rio de Janeiro/São Paulo: Livraria Freitas Bastos S/A, 1958, p. 284.

[34] LAUBADÉRE, André de. *Direito Público* ... Op. cit., p. 399 e 403.

[35] ROCHA, Cármen Lúcia Antunes. Op. cit., p. 38.

[36] PELLEGRINO, Carlos Roberto. Contratos da Administração Pública. *Revista de Direito Público*, São Paulo, n. 92, p. 132-144, out./dez. 1989.

[37] ENTERRÍA, Eduardo Garcia de; FERNANDEZ, Tomás-Ramón. Op. cit., p. 641.

riores princípios juspublicistas que visam a assegurar também o respeito aos direitos individuais, para que haja harmonia nos interesses que surgem com a relação trilateral estabelecida nas concessões e permissões de serviços públicos, relação esta que caracteriza de modo peculiar o contrato.

A utilização dos princípios, normas e valores na aplicação do direito visa a garantir a unidade do Ordenamento Jurídico, podendo ocorrer que, no relacionamento entre si, as categorias referidas encontrem oposição, sendo esta oposição passível de superação por meio da solução das antinomias, na busca da maior coerência possível.[38] Os contratos administrativos são regidos por princípios juspublicistas, em razão da presença da Administração Pública em um dos pólos da relação contratual, apesar de não estarem presentes apenas disposições da ordem do Direito Público, pela possibilidade de incidência de preceitos ou regras privatistas, desde que não haja incompatibilidade entre os preceitos. Desta forma, os princípios juspublicistas identificam a existência de um contrato público, mesmo que as normas se operem no plano privado.[39]

Em face da natureza complexa do contrato no âmbito das delegações são definidas características próprias, com o conteúdo especificando o relacionamento entre poder concedente e concessionário, relacionamento entre poder concedente e usuários, relacionamento entre concessionário e usuários, além das condições da prestação do serviço, que conjuntamente demonstram a relação trilateral que resta configurada. Na perspectiva própria do regime das concessões, integrando as partes do contrato (concedente e concessionário) e a esfera dos destinatários do serviço (usuários), o instituto da concessão apresenta dois âmbitos distintos: o âmbito externo e o âmbito interno da concessão, conforme se verá adiante.

A natureza contratual também é estendida à permissão de serviços públicos, conferindo-lhe a segurança do instituto contratual, passando a relação a ser orientada pelo princípio da segurança das relações jurídicas.[40] A contratualização da atividade administrativa é uma tendência que acentua a atividade negocial do Estado com os particulares, sendo concretizada em face da necessidade cada vez maior das prestações positivas dos particulares, os quais não se sujeitam à coação unilateral do Estado, sendo indispensável que a relação contratual estabelecida entre este último e os particulares fique restrita aos limites autorizados pelo direito. Neste sentido, a relação contratual que se estabelece com o particular deve atender

---

[38] BOBBIO, Norberto. *Teoria do Ordenamento Jurídico*. 10. ed. Brasília: Editora Universidade de Brasília, 1997, p. 123.

[39] FREITAS, Juarez. *Estudos ...* Op. cit., p. 178 e 188.

[40] FREITAS, Juarez. *O Controle dos Atos Administrativos e os Princípios Fundamentais*. 2. ed. São Paulo: Malheiros, 1999, p. 160.

aos pressupostos e exigências que a ordem jurídica estabelecer, não bastando a alegação pura e simples da existência do interesse público[41] como justificativa para modificações infundadas no ajuste firmado, pois é a própria indisponibilidade do interesse público que garante a segurança de que o contrato será cumprido nas condições estabelecidas, sempre que possível. Neste sentido, com a contratualização que se acentua para o exercício da atividade administrativa, há princípios e normas que são peculiares a contratos administrativos que não são aplicáveis às contratações privadas e vice-versa, e o reconhecimento da natureza contratual ao contrato administrativo não significa a sua identificação com os contratos privados pela sua vinculação à satisfação do interesse público.

Os interesses privados referidos são analisados preponderantemente não mais na perspectiva individualista da concepção liberal clássica de contrato, mas em vista dos interesses de grupos ou categorias, com o surgimento da idéia de equilíbrio, que passa a ser a medida de reciprocidade contratual, no intuito de preservar os interesses de ambos os pólos da relação contratual. Nos contratos que têm em um dos pólos a Administração Pública, a garantia do equilíbrio é expressa, mas o controle social ajuda a mitigar os efeitos dos desequilíbrios do poder.[42] Também a ponderação dos interesses do prestador do serviço e do usuário se fazem presentes dentro da idéia geral de serviço público, pois além do equilíbrio contratual para a sua prestação, também o serviço precisa ser adequado, e esta expressão integra uma amplitude de aspectos que precisam ser considerados por meio da ponderação de valores. Desde já é possível referir a viabilidade dos resultados da eficiência, sendo a discussão em torno de sua fruição apenas pelo concessionário, ou também pelo usuário, conforme será analisado.

A busca do elemento lucro pelo contratado é admitida, mas esse interesse econômico só pode ser buscado se compatível com a realização do interesse público, sendo que, em matéria de prestação dos serviços públicos, as dúvidas dos contratos devem sempre ser decididas contra o contratado e em favor do interesse público. Na busca da solução mais adequada ao interesse público, devem ser hierarquizados os princípios, normas e valores, procurando a melhor significação, dentre as várias possíveis, para o caso concreto,[43] especialmente pela diversidade de interesses envolvidos na concessão de serviços públicos e que necessariamente devem ser equilibrados, como serviço adequado, tarifa módica e justa remuneração.

---

[41] JUSTEN FILHO, Marçal. *Concessões* ... Op. cit., p. 38 e 39.

[42] PORTO MACEDO JR., Ronaldo. *Contratos Relacionais e Defesa do Consumidor*. São Paulo: Editora Max Limonad, 1998, p. 87 e 200.

[43] FREITAS, Juarez. *O Controle* ... Op. cit., p. 95 e 96.

A importância dos princípios juspublicistas se revela ao realizar o controle principiológico das cláusulas e da execução do contratado entre as partes, de modo que as normas inferiores devem, com base nos referidos princípios, encontrar o seu fundamento e adequação para integrar o Direito Administrativo. Neste sentido, o contrato público não tem a característica da intangibilidade quase absoluta, própria dos contratos entre pessoas privadas, resultando em ajustes marcados pelo aspecto da hierarquização superior dos princípios típicos do regime juspublicista, que transcendem os princípios de direito privado, devendo os princípios juspublicistas informar a interpretação quando da celebração e execução do negócio jurídico entre a Administração Pública e o particular.[44] Como decorrência da superposição do interesse público, a modificação contratual no Direito Administrativo é institucionalizada, não caracterizando ofensa aos princípios aplicáveis, como o da Obrigatoriedade das Convenções, quase absoluto no Direito Privado,[45] conforme se verá no capítulo a seguir.

Em contrapartida, num Estado Democrático de Direito, como o regime jurídico do contrato administrativo também prevê princípios que delimitam aquele poder estatal de instabilizar um ajuste firmado entre a Administração Pública e o particular, fica o Estado impedido de atuar de forma abusiva, e o contratado é patrimonialmente compensado pelas modificações unilaterais introduzidas, para fins de garantir o cumprimento do contrato, nos limites do ajustado entre as partes. Com o Estado recorrendo aos préstimos de terceiros para cumprir as suas funções, a figura do contrato surge como o instrumento que garante a participação do particular contratante, desde a sua necessária anuência para o estabelecimento da relação jurídica, até a posterior garantia da manutenção do equilíbrio contratual, considerando que também no âmbito das delegações as prerrogativas são mantidas pela Administração Pública.

Assim, o contrato de concessão apresenta duas espécies de condições que, equilibradas, o fundamentam, estabelecendo as diretrizes básicas do regime jurídico híbrido.[46] O primeiro aspecto está relacionado com a prestação do serviço público no interesse geral e sob a autoridade da Administração, dele resultando as cláusulas regulamentares do contrato, as prerrogativas públicas do concessionário, a sujeição do concessionário aos princípios inerentes à prestação do serviço público, o reconhecimento de poderes à Administração concedente, a reversão dos bens da concessionária para o poder concedente, natureza pública dos bens da concessionária, a responsabilidade civil regida por normas publicistas, os efeitos trilaterais

---

[44] FREITAS, Juarez. *Estudos ...* Op. cit., p. 175 e 178.

[45] JUSTEN FILHO, Marçal. *Comentários à Lei de Licitações e Contratos.* 6. ed. São Paulo: Dialética, 1999. p. 527.

[46] DI PIETRO, Maria Sylvia Zanella. *Parcerias ...* Op. cit., p. 73 e 74.

da concessão. O segundo aspecto diz com o executor do serviço, que dentro da idéia geral de serviço público não encontra impedimento para que haja uma prestação indireta por meio de empresa capitalista, sendo este aspecto o responsável pela natureza contratual da concessão que resta caracterizada e, como decorrência, o direito do concessionário à manutenção do equilíbrio econômico-financeiro. Por isso, o regime jurídico da concessão não é puro, mas variável e misto,[47] tendo em vista a conjugação dos regimes jurídicos de direito público e privado, sendo necessária a manutenção do regime jurídico público na prestação dos serviços públicos concedidos para assegurar que o serviço não seja desnaturado e mantenha as características próprias que asseguram a sua transcendência em relação ao interesse econômico, apesar de o particular o exercitar com normas privadas e utilizar recursos privados, que resultam na modificação para o regime da remuneração em vez do regime tributário utilizado quando o serviço é prestado de forma direta pelo Estado,[48] o que não significa que o contrato resultante, por abranger aspectos tão diversos, seja precário.

Com a conjugação das esferas de Direito Público e Direito Privado, o regime da concessão de serviços públicos deixa ao Poder Público a titularidade dos mesmos, por isso, se o regime jurídico a disciplinar a prestação indireta do serviço não assegurar a prestação adequada do serviço público, e este deixar de ser executado pelo particular por conveniência do interesse público ou pela falta de cumprimento das obrigações, a Administração continua responsável em assegurar o serviço, objeto do contrato, pois a prestação jamais restará desvinculada da regência administrativa, não se limitando a garantia da continuidade do serviço ao ajuste firmado em face do princípio maior do interesse público e sua indisponibilidade, bem como do princípio da intervenção essencial do Estado correlacionado com o princípio da irrenunciável titularidade da prestação.[49]

Portanto, a presença dos superiores princípios juspublicistas na prestação dos serviços públicos delegados caracteriza a natureza pública do contrato, e apesar da natureza contratual, o ajuste firmado entre ente privado e Administração Pública é resultante, de um lado, de procedimentos que ocorrem no âmbito da Administração para a sua formação, constituindo previsões unilateralmente impostas e, de outro, do acordo com o privado,[50] que participa com a sua proposta para a formação dos termos do contrato, conforme se verá no decorrer deste estudo.

O contrato historicamente acompanha as mudanças mais expressivas da sociedade, seja no campo social, econômico ou jurídico. Desta forma,

---

[47] ENTERRÍA, Eduardo Garcia de; FERNANDEZ, Tomás-Ramón. Op. cit., p. 619.
[48] JUSTEN FILHO, Marçal. *Concessões* ... Op. cit., p. 68 e 69.
[49] FREITAS, Juarez. *O Controle* ... Op. cit., p. 89 e 94.
[50] ROPPO, Enzo. *O Contrato*. Coimbra: Livraria Almedina, 1988, p. 345.

a propriedade e o contrato são institutos que estão intimamente ligados, pois é através deste último que a riqueza circula, e o sistema se mantém. É um instituto que tem a sua origem no Direito Civil, e a sua importância é tão significativa que até hoje representa um dos três pilares básicos da Teoria Geral do Direito Civil. Mas o contrato foi trazido para a área do direito público, na qual também exerce um papel de extrema importância, especialmente na medida em que a sociedade se desenvolve e exige meios cada vez mais eficazes para abranger toda a coletividade.

Dependendo do momento histórico em que é situado, o instituto contratual passa por diferentes fases. O paradigma do passado coloca o contrato como sendo aquele no qual as regras são ditadas pelo soberano, inexistindo vontade ou consentimento. Após, surge o paradigma tradicional introduzindo o Modelo Liberal onde a autonomia da vontade é absoluta.

Depois, no paradigma do presente, mantendo a autonomia da vontade das partes, esta apenas é relativizada pela intervenção estatal, movida pelo Estado Social com o fim de promover a proteção da parte débil e de uma maior justiça social.

Na concepção tradicional do contrato, o elemento principal reside na idéia da vontade das partes, que é a fonte única que legitima o nascimento de direitos e obrigações. Traz as características individualista, liberal e a já referida idéia da vontade das partes.[51] Esta concepção voluntarista e liberal é aceita pelo Código Civil brasileiro de 1917, mas o Estado Democrático de Direito e a sociedade de massas representam os dois fatores básicos que influenciaram a superação desta concepção, culminando no direito brasileiro com o surgimento do Código de Defesa do Consumidor que, dentro de determinados limites, também é aplicado no âmbito da prestação dos serviços públicos.

Com a mudança que se opera, surge a necessidade de reconhecer que o Código Civil não mais se encontra no centro das relações de direito privado. Tal entendimento resulta da Constituição de 1988 e do aparecimento de microssistemas como o Código de Defesa do Consumidor, em face do reconhecimento da "unidade do sistema e do respeito à hierarquia das fontes normativas, para a Constituição, base única dos princípios fundamentais do ordenamento". Esta unidade decorre da existência da Norma Fundamental, e com a referida unidade, os princípios superiores, ou valores propostos na Constituição Federal, estão presentes em todo o tecido normativo, não sendo mais aceitável a contraposição direito público direito privado, e os interesses privados reencontram o interesse público.[52]

---

[51] MARQUES, Cláudia Lima. *Contratos no Código de Defesa do Consumidor*. São Paulo: Editora Revista dos Tribunais, 1995, p. 31.
[52] TEPEDINO, Maria Celina Bodin de Moraes. A Caminho de um Direito Civil Constitucional. *Revista de Direito Civil da RT*, São Paulo, n. 65, p. 21-32, jul./set. 1993.

O contrato surge como instrumento cada vez mais utilizado e necessário para a realização das finalidades administrativas, não mais como simples objeto de intervenção pública, mas seu meio insubstituível. Assim, o regime jurídico dos contratos é influenciado pela natureza peculiar do sujeito e dos interesses de que este é portador, conquistando no âmbito administrativo papéis qualitativamente novos em face da regulamentação cada vez maior pela via convencional, na base de um acordo entre privado e ente público, adaptado às peculiaridades das situações e das funções inerentes a esta esfera do Direito.[53]

Na perspectiva da superação desta contraposição, os valores existenciais passam para o vértice do Ordenamento Jurídico, do que se depreende que é necessária a incidência dos valores constitucionais na normativa civilística, "operando uma espécie de 'despatrimonialização' do direito privado, em razão da prioridade atribuída, pela Constituição, à pessoa humana, sua dignidade, sua personalidade e seu livre desenvolvimento",[54] com a noção de obrigação lado a lado com a noção de pessoa, não sendo a obrigação um meio apenas de resolver conflitos de natureza econômica.[55]

Neste sentido, a disciplina das relações privadas, que no âmbito do Código Civil eram baseadas no individualismo, hoje são tratadas na perspectiva do "personalismo (superação do individualismo) e patrimonialismo (superação da patrimonialidade fim em si mesma, do produtivismo, antes, e do consumismo, depois, como valores)".[56] A perspectiva da repersonalização do contrato *acaba* "recolocando o indivíduo como ser coletivo no centro dos interesses",[57] de forma que as relações contratuais passam a ter uma função social e contribuem na busca de uma maior justiça social.

No entanto, no âmbito do Direito Público, não há falar em autonomia da vontade, pois inexiste margem de liberdade que seja imune à disciplina jurídica. As decisões atribuíveis ao Estado são produzidas pelo agente público, mas sempre em caráter objetivo, de forma a "fundar-se no Direito, retratar a perseguição de um interesse público e ser orientadas por rigoroso processo lógico",[58] baseando-se o contrato no disposto no edital e na proposta que melhor atender aos interesses da coletividade. Inclusive a concepção de agente público abrange os concessionários e os permissio-

---

[53] ROPPO, Enzo. Op. cit., p. 342 e 345.
[54] TEPEDINO, Maria Celina Bodin de Moraes. Op. cit.
[55] COUTO E SILVA, Clóvis V. do. *A Obrigação como Processo*. Porto Alegre, 1964, p. 166. (Mimeo.)
[56] PERLINGIERI, Pietro. *Perfis do Direito Civil: Introdução ao Direito Civil Constitucional*. Rio de Janeiro: Ed. Renovar, 1997, p. 1.
[57] FACHIN, Luiz Edson. Limites e Possibilidades da Nova Teoria Geral do Direito Civil. *Revista Jurisprudência Brasileira*, Curitiba, v. 172, p. 45-50, 1994.
[58] JUSTEN FILHO, Marçal. *Concessões* ... Op. cit., p. 36.

nários naquilo que diz com a função que exercem, pois, apesar de serem normalmente particulares os executores dos serviços delegados, a atividade não é privada, sendo submetida, por isso, a um regime de direito público como todo serviço público, com a manutenção por parte do Poder Público de prerrogativas necessárias para o exercício do serviço na medida que o interesse público exigir, por isso a existência de cláusulas exorbitantes, as quais podem ser implícitas ou expressas, sendo elas indispensáveis para garantir a supremacia do poder público sobre o contratado e a prevalência do interesse público sobre o particular.

Considerando que o contrato de concessão apresenta uma necessária sujeição ao princípio da legalidade, podem apenas ser introduzidas cláusulas autorizadas, mesmo que implicitamente pelo Ordenamento Jurídico, e o controle do cidadão baseia-se na legalidade do contrato. No que se refere às cláusulas inerentes ao regime jurídico de direito público, deverão considerar-se integradas no contrato de concessão, ainda que não constem expressamente, e serão nulas as cláusulas que excederem ao regime jurídico de direito público, por isso a importância também de um amplo controle judicial que, além da legalidade, também analisa a legitimidade dos atos praticados. Mas para a consecução dos seus objetivos, o Estado não pode agir de forma excessiva e nem de forma insuficiente, e a medida razoável é decorrente do princípio da proporcionalidade ou adequação, que visa a assegurar fundamentalmente a adequação meio-fim e a vedação de excessos na prestação do serviço público, sendo fundamental, para tanto, a ponderação e a racionalidade prudente do administrador e de quem controle seus atos, contratos e procedimentos. Haverá ofensa a esse princípio quando entre dois valores legítimos seja priorizado um em detrimento ou sacrifício exagerado do outro, sem a preocupação com a preservação máxima dos direitos, considerada fundamental.[59]

O interesse público encontra o seu fundamento na idéia do Estado Democrático de Direito que tem como representantes pessoas escolhidas pela coletividade, do que decorre o fundamento da tutela dos interesses da maioria. Como os interesses da maioria são superiores aos interesses considerados individualmente, o Estado, por meio da administração, resguarda esses interesses, objetivando cumprir a sua finalidade. Assim, o Princípio da Preponderância Teleológica do Interesse Público[60] é um fundamento ideológico que rege as relações jurídicas da Administração, mas esse fundamento não afasta outro que consiste no resguardo dos direitos individuais, apesar de a Administração estar em situação de supremacia em relação ao particular.

---

[59] FREITAS, Juarez. *O Controle* ... Op. cit., p. 56 e 57.
[60] FREITAS, Juarez. *Estudos* ... Op. cit., p. 34.

Sendo assim, os contratos administrativos que regem as delegações do serviço público têm as suas características próprias como resultado do regime jurídico estabelecido pelo Ordenamento Jurídico. Esta é a regra que decorre do pressuposto básico de que o instrumento contratual não pode inovar a estrutura fundamental do regime jurídico da concessão de serviços públicos, tendo em vista a necessidade de as atribuições do contraente, na associação à pessoa coletiva de direito público, ficarem submetidas à disciplina do interesse público, conforme se verá adiante.[61]

Tendo em vista que o contrato de direito público não é produto autônomo do ramo de direito público, mas é integrado também pela forma do contrato, proveniente do direito privado no que se refere à essência dos contratos administrativos, como o acordo voluntário, interesses contraditórios e criação de efeitos jurídicos para ambas as partes (direitos e obrigações), contêm uma natureza funcional vinculada à satisfação do interesse público, que torna indispensável a existência de características próprias. As características mais importantes assim se resumem: umas das partes é sempre a Administração Pública; têm como finalidade prestações destinadas a assegurar o funcionamento de um serviço público, e, como decorrência natural, acham-se submetidos a um regime jurídico especial de direito público.[62]

Com isso, apesar da similitude com o contrato de direito privado, não há identidade, sendo os princípios da autonomia da vontade e da obrigatoriedade das convenções, próprios da teoria dos contratos do Direito Privado, restringidos,[63] assegurando uma margem de liberdade, porque nos contratos de direito público são estabelecidas condições da prestação, que podem envolver uma amplitude de soluções técnicas e econômicas, sendo tal liberdade exercida na fase interna da licitação ou no momento do julgamento das variadas propostas, contribuindo os termos da proposta vencedora na definição do conteúdo do contrato.[64]

Os conceitos de cooperação e solidariedade vão minando os pressupostos individualistas do direito contratual clássico, passando a existir um equilíbrio entre interesses conflitantes formalizados como um acordo que sempre implicará sacrifícios mútuos, pois o indivíduo, além da sua liberdade, percebe a sua inserção no contexto social como um todo, devendo obedecer às suas leis e inclusive contribuir para a sua ordem. Com os princípios solidarísticos integrando os contratos, a sociedade passou a

---

[61] CAETANO, Marcello. Op. cit., p. 527.
[62] TEIXEIRA, J. H. Meirelles. Permissão e Concessão de Serviço Público. *Revista de Direito Público*, São Paulo, n. 6, p. 100-134, out./dez. 1968.
[63] JUSTEN FILHO, Marçal. *Concessões* ... Op. cit., p. 42.
[64] JUSTEN FILHO, Marçal. *Comentários* ... Op. cit., p. 115.

determinar os seus limites e cláusulas, por meio de conceitos como onerosidade abusiva (art. 51, § 1º, III, do CDC), justo equilíbrio (art. 51, § 4º, do CDC), que são definíveis socialmente segundo um critério de normalidade variável, e por isso indeterminável previamente de forma completa.[65]

Os contratos de fornecimento de serviços públicos são também abrangidos pelo Código de Defesa do Consumidor, tendo em vista a inclusão em suas disposições das pessoas jurídicas de direito público na condição de fornecedores. Mas é necessário que resulte caracterizado um vínculo contratual entre o consumidor e o órgão público ou seu concessionário, através de uma relação de consumo, que exige atividade remunerada. Neste sentido, são considerados desta espécie o fornecimento de água, energia elétrica, gás, telefonia, transportes públicos, etc.[66] O controle social dos atos públicos, genericamente considerados, não exige vínculo contratual, podendo ocorrer inclusive anteriormente à relação contratual firmada entre concedente e concessionário, não se limitando a participação à relação de consumo. No entanto, a partir do momento em que o serviço prestado pelo concessionário é colocado à disposição da coletividade, e um usuário ou grupo de usuários venha a utilizar o serviço, surge o direito subjetivo de se insurgirem contra determinada situação que, no caso concreto, lhes prejudique.

O Código de Defesa do Consumidor, pelo disposto em seu art. 22, visa a garantir que também os órgãos públicos, suas empresas, concessionárias e permissionárias, tenham o dever de fornecer serviços adequados, eficientes, seguros e, quando essenciais, contínuos. A Lei 8.987/95, o contrato e as demais normas pertinentes estabelecem as condições para que haja o pleno atendimento dos usuários, o que será analisado mais adiante.

Na perspectiva do que foi referido anteriormente sobre o regime especial dos contratos concluídos com a Administração, apesar de também regidos por leis civis, mantêm prerrogativas especiais, como a de quebrar o equilíbrio do contrato tendo em vista a existência das cláusulas exorbitantes, condição que o particular conhece, sujeitando-se a essa faculdade do Poder Público de modificar, em maior ou menor grau, a extensão das prestações.[67] Daí a necessidade em reconhecer limites à aplicação do Código de Defesa do Consumidor no que se refere à prestação do serviço público, limites esses que são facilmente compreendidos após a análise de duas distinções básicas entre serviço privado e serviço público.

A primeira distinção refere-se à situação do prestador do serviço, que no caso do serviço privado, não direciona sua operação econômica para a satisfação do interesse público, uma vez que visa ao maior lucro possível

---

[65] PORTO MACEDO JR., Ronaldo. Op. cit., p. 80 a 84.
[66] MARQUES, Cláudia Lima. Op. cit., p. 151.
[67] PELLEGRINO, Carlos Roberto. Op. cit.

amparado pelos princípios da atividade econômica em sentido estrito (art. 170 da CF); ao passo que o prestador do serviço público tem a sua atividade direcionada pelos princípios de direito público, podendo ser admitida alguma margem de lucro, respeitados os limites do interesse público. A segunda distinção leva em conta a situação do usuário, que no serviço público tem os mesmos interesses que o prestador, ou seja, o Estado que presta os serviços em nome da comunidade.[68]

Neste sentido, o direito público não pode se afastar do princípio da supremacia do interesse público, e sempre que regras e princípios do Código de Defesa do Consumidor colidirem com este princípio superior, tornam-se inaplicáveis no âmbito do direito público. Disso decorre a afirmação de que, por mais que o direito do consumidor não seja vinculado nem ao direito público nem ao privado, houve uma preocupação maior com os abusos econômicos, e por isso a sua aplicação se direciona mais para a área privada, com a possibilidade inclusive de haverem alterações no Código de Defesa do Consumidor no aspecto do usuário do serviço público, em face da lei que está por regulá-lo, conforme será analisado mais adiante.

A tendência atual é a substituição cada vez maior dos serviços de execução imediata por serviços de longa duração, apresentando características como a continuidade dos serviços, massificação, prestabilidade por terceiros do objeto contratual, internacionalidade ou grande poder econômico dos fornecedores, e a crescente substituição do Estado por fornecedores privados.[69]

O conceito função foi desenvolvido no Direito Público mas na atualidade também se vislumbra o seu deslocamento para o Direito Privado, sendo comum a sua caracterização com institutos como a função social da propriedade, da empresa e do contrato. Caracteriza-se pela prática de condutas que têm por objetivo alcançar a satisfação de interesses transcendentes. No Direito Público, o titular não só tem o poder mas o dever jurídico de efetivar condutas que sejam adequadas e necessárias, tendo em vista sempre os interesses da comunidade como um todo. Para que as condutas referidas realmente sejam capazes de cumprir a sua finalidade, os demais integrantes da comunidade têm a obrigação de se sujeitar às determinações do titular da função.

No âmbito da definição da função, não é possível que se proceda a uma escolha antecipada e completa do alcance das condutas que são facultadas, proibidas ou permitidas, tanto para o titular da função quanto para os demais integrantes da comunidade. A importância da função decorre justamente da existência de uma garantia que assegure uma margem

---

[68] JUSTEN FILHO, Marçal. *Concessões* ... Op. cit., p. 131 e 132.
[69] MARQUES, Cláudia Lima. Op. cit., p. 64.

de liberdade de escolha do meio adequado para realização de uma finalidade. Esta margem de liberdade conferida ao titular da função não pode ser confundida com a liberdade do titular de um direito subjetivo, pois o titular da função está vinculado à satisfação do interesse público.

Disso decorre a estruturação do regime de direito administrativo, definida basicamente pelos dois princípios já referidos, quais sejam, da indisponibilidade do interesse público e da supremacia do interesse público. O interesse público deve ser entendido na perspectiva das diretivas definidas e asseguradas pelo Estado Democrático de Direito à coletividade, por isso opera-se uma releitura dos princípios da supremacia do interesse público e da indisponibilidade do interesse público, considerando que a supremacia não é um critério em si mesmo de solução de conflitos, nem consagração do arbítrio ou negação dos interesses particulares, mas tem a função de assegurar uma maior valoração do interesse público, em face dos demais existentes em sociedade, pois o princípio da universalização do interesse público e da correlata subordinação das ações estatais à dignidade da pessoa humana é o princípio que se sobrepõe e matiza os demais princípios. O princípio do interesse público tem a finalidade de resguardar a preponderância da vontade geral legítima sobre a vontade particular articulada,[70] com o aspecto da indisponibilidade como sendo o responsável para que o interesse público não seja objeto de qualquer sacrifício ou transigência, em face da influência dos princípios destinados a assegurar interesses privados. Com a impossibilidade de escolha por parte do agente público em cumprir ou não o interesse público, a sua indisponibilidade fica assegurada,[71] e essa indisponibilidade gera conseqüências como a obrigatoriedade do desempenho (continuidade), a inalienabilidade dos direitos e interesses públicos (por isso o Estado permanece com a irrenunciável titularidade do serviço delegado) e o controle administrativo principiológico, com a necessária democratização.[72] A indisponibilidade, juntamente com a vinculação ao princípio da legalidade, são os fundamentos que justificam a característica de contratos de adesão nos ajustes em que está presente a Administração, facultando a ela estabelecer unilateralmente as cláusulas de serviço.

Também a existência das relações contratuais envolvendo a Administração Pública está fundamentalmente ligada aos princípios que regem a estruturação do poder político da nação. A opção que constitucionalmente prevê a existência de um Estado Democrático de Direito é o fator que garante a abertura necessária para que o Estado realize plenamente as suas

---

[70] FREITAS, Juarez. *O Controle ...* Op. cit., p. 52 e 53.
[71] JUSTEN FILHO, Marçal. *Concessões ...* Op. cit., p. 34 e 36.
[72] FREITAS, Juarez. *O Controle ...* Op. cit., p. 53 e 56.

funções admitindo, para tanto, a participação de pessoas e entes privados. É este outro aspecto a referir quando se fala em mudança na Administração Pública, pois a democratização da mesma ocorre com a participação dos cidadãos na realização das atividades administrativas do Estado, com a colaboração entre o público e o privado, sendo a redução do tamanho do Estado, sem tirar a sua essencialidade, um dos fatores que faz com que a atuação do particular ganhe espaço.[73]

Mas a participação dos particulares na realização das funções do Estado não pode ser exigida de forma incondicionada, pois a Constituição garante a propriedade privada e, implicitamente, o direito fundamental da liberdade contratual. Não pode o particular ser obrigado a contratar seus serviços e bens com o Estado, mesmo existindo uma necessidade pública a ser satisfeita, que o Estado não tenha como suprir, pois a garantia constitucional da preservação de pessoas e seu patrimônio prevalece sobre o princípio da continuidade do serviço público, e se o Estado tivesse o poder de descumprir deveres essenciais e impor a manutenção do serviço, haveria uma frustração indireta das garantias constitucionais.[74] Desta forma, ao mesmo tempo em que o Estado Democrático de Direito possibilita uma atuação ativa do particular na prestação do serviço público, também visa a garantir a esfera de liberdade de cada pessoa, tendo em vista que não basta a submissão das autoridades à lei, pois a Constituição Federal impõe como limites os direitos individuais e coletivos para fundamentalmente preservar a liberdade.[75]

Decorre que, em matéria de delegação, a vontade do particular é pressuposto necessário para que o Estado possa utilizar-se dos seus bens ou préstimos, e justamente a "liberdade jurídica de entrar em relação" que é essencial para configurar a concessão como contrato, pouco importando que as pessoas possam determinar na totalidade ou em parte o objeto da relação, ao contrário do que ocorre em outras situações em que há uma participação compulsória do particular, como decorrência do poder de império do Estado, conforme a previsão em lei, e não conforme a vontade individual.[76] Adiante se verá que, dentro da idéia de contrato de adesão que caracteriza todos os contratos administrativos, em face do estabelecimento de critérios objetivos impostos e o posterior desenvolvimento do contrato por normas privadas, o mesmo só estará inserido dentro do Estado Constitucional se respeitar as garantias e direitos individuais, especialmente o principal deles, que é o da liberdade.[77]

---

[73] DI PIETRO, Maria Sylvia Zanella. *Parcerias* ... Op. cit., p. 14.
[74] JUSTEN FILHO, Marçal. *Concessões* ... Op. cit., p. 364.
[75] SUNDFELD, Carlos Ari. *Direito Administrativo Ordenador*. São Paulo: Malheiros, 1997, p. 68.
[76] CAETANO, Marcello. Op. cit., p. 513.
[77] COUTO E SILVA, Clóvis V. do. Op. cit., p. 96.

3. Serviço público e "privatização" por intermédio das delegações de serviços públicos para particulares

A "privatização" que ocorre com o exercício de parcela do poder estatal por meio das delegações do serviço público não significa uma submissão do serviço a regime jurídico de direito privado, tendo em vista que o serviço continua sendo público, com a peculiaridade de que a prestação ou gestão passa para a esfera privada. Ao contrário, mesmo prestado por concessionário, o serviço público está submetido ao regime de direito público, sem integrar o campo de liberdade dos particulares,[78] pois a prestação do serviço público é o meio utilizado para aquele obter a finalidade que é o lucro, lucro esse que, de outra parte, é meio de realizar a prestação adequada do serviço.[79]

A Constituição Federal prevê os institutos de que a Administração Pública pode valer-se para que o exercício da atividade considerada serviço público seja desempenhado por terceiro. Pode o Poder Público, pela atuação legislativa, entregar tal desempenho, desde que resguardados os princípios gerais para o exercício do serviço público.[80] Cabe destacar e analisar os dois elementos que já foram referidos anteriormente, por direcionarem conjuntamente o regime jurídico da concessão de serviços públicos: o caráter de serviço público da atividade assegurada e o caráter de pessoa privada do concessionário.[81]

No tocante ao primeiro aspecto, por consistir o objeto do contrato de concessão de serviços nos poderes e deveres relativos à prestação de certo tipo de serviço,[82] mantém o mesmo, quando prestado pelo concessionário,

---

[78] PORTO NETO, Benedito. *Concessão de Serviço Público no Regime da Lei n. 8.987/95*: Conceitos e Princípios. São Paulo: Malheiros, 1998, p. 101.

[79] BANDEIRA DE MELLO, Celso Antônio. Op. cit., p. 508.

[80] ROCHA, Cármen Lúcia Antunes. Op. cit., p. 86.

[81] LAUBADÈRE, André de. *Direito Público* ... Op. cit., p. 401.

[82] CAETANO, Marcello. Op. cit., p. 518.

as peculiaridades ínsitas em virtude de ser função precípua do Estado, ficando este último com titularidade do serviço. Assim, é a titularidade do Estado uma decorrência indispensável da manutenção da condição de serviço público por ocasião de uma delegação para o particular, sendo considerada pela moderna doutrina a justificativa para uma intervenção em matéria de fixação de tarifas.[83]

Quanto ao segundo aspecto do regime jurídico, uma vez que a coletividade pública encarrega um particular da gestão de um serviço público, também lhe transfere obrigações, preservando com a manutenção da titularidade o direito à fiscalização no tocante ao funcionamento do serviço, matéria que será analisada oportunamente, em capítulo próprio.

Por ser o serviço público a atividade a ser executada pela concessão de serviços, faz-se mister trazer a noção de serviço público, seus elementos, os serviços que são delegáveis, a natureza dos serviços e a competência legislativa no âmbito das delegações. A noção de serviço público, para Celso Antônio Bandeira de Mello, consiste em "toda a atividade de oferecimento de utilidade ou comodidade material fruível diretamente pelos administrados, prestado pelo Estado ou por quem lhe faça as vezes, sob um regime de Direito Público – portanto, consagrador de prerrogativas de supremacia e de restrições especiais -, instituído pelo Estado em favor dos interesses que houver definido como próprios no sistema normativo".

Segundo o autor, a noção apresentada é composta por dois elementos básicos: o substrato substancial e o traço formal.[84] Pelo primeiro elemento, o serviço público consiste na prestação para o oferecimento de utilidades ou comodidades materiais para o administrado, como água, luz, gás, telefone, transporte coletivo, etc. Tais serviços são reputados imprescindíveis, necessários ou apenas correspondentes a conveniências básicas da sociedade.

A vinculação de tal critério à finalidade do serviço público e à satisfação concreta da finalidade coletiva não é critério suficiente para uma definição de serviço público, pois há atividades que atendem concretamente a uma necessidade coletiva, sem apresentar a dimensão de Serviço Público.[85] Para uma lei considerar serviço público determinada atividade, terá de proporcionar um benefício de fruição particularizada aos administrados e estar submetida às disposições do Direito Público, tendo em vista a presença do Poder Público como parte integrante da prestação do serviço.[86]

---

[83] SALOMONI, Jorge Luis. Op. cit., p. 161.

[84] BANDEIRA DE MELLO, Celso Antônio. Op. cit., p. 477, 479 e 480.

[85] RODRIGUES, Carlos Roberto Martins, A Crise e a Evolução do Conceito de Serviço Público. *Revista de Direito Público*, São Paulo, n. 57-58, p. 130-146, jan./jun. 1981.

[86] NOVAIS, Elaine Cardoso de Matos. *Estudos de Direito Administrativo* em homenagem ao Professor Celso Antônio Bandeira de Mello. São Paulo: Editora Max Limonad. 1996, p. 142.

O segundo elemento, referido pelo autor Celso Antônio Bandeira de Mello, confere caráter jurídico à noção de serviço público, e representa a submissão a um Regime Jurídico de Direito Público, para fins de garantir que as atividades prestadas como serviço público sejam todas submetidas aos mesmos princípios, implícitos ou explícitos, que estão na base daquele regime, além das normas que conferem características para esta área do Direito Público, permitindo distingui-las de outras searas. Com o regime de direito público, as condições de prestação dos serviços públicos ultrapassam os princípios do direito comum, de forma que os negócios jurídicos realizados com os particulares objetivam que tais serviços mantenham na integridade as suas características. Assim também Agustín Gordillo refere que a concessão não altera o regime do serviço concedido, o qual continua sendo público.[87]

A noção de serviço público, a partir dos elementos material e formal acima referidos, reporta ao oferecimento de comodidade ou utilidade diretamente fruível pelos cidadãos, além da subordinação às normas e princípios do regime jurídico-administrativo. A esta definição que concilia dois elementos há entendimento doutrinário que acrescenta um terceiro elemento, no sentido de considerar a necessidade de a atividade estar de acordo com as idéias norteadoras do ordenamento constitucional, suas diretrizes e seus fundamentos. Considerando este último entendimento, a conceituação de serviço público tem a sua origem a partir de disposições constitucionais, no intuito de evitar abusos que podem decorrer de uma liberdade muito ampla conferida aos legisladores, em caso de utilização do critério do regime unicamente, por meio da subordinação de determinadas atividades ao regime jurídico administrativo, sem efetivamente colocar o serviço à disposição dos indivíduos.[88]

O elemento subjetivo não serve para a obtenção de um conceito de serviço público, mas revela um aspecto fundamental pelo qual, para constituir determinada atividade como serviço público, não é necessário que a administração mesma assuma a execução do serviço, mediante seus próprios meios ou pessoalmente, pois o serviço público pode ser executado tanto diretamente pela própria administração como indiretamente por meio de um concessionário. Assim, reunidos os elementos conceituais de serviço público, a atividade desempenhada pelo delegatário é considerada serviço público, apesar de não ter o executor a qualificação estatal.[89]

A natureza dos serviços delegáveis tem por objetivo definir a modalidade de parceria, sendo que, na hipótese da concessão, as atividades

---

[87] GORDILLO, Agustín. Op. cit., p. 27.
[88] NOVAIS, Elaine Cardoso de Matos. Op. cit., p. 136 e 144.
[89] RODRIGUES, Carlos Roberto Martins. Op. cit.

apresentam natureza econômica, e são chamados de serviços comerciais e industriais do Estado, tendo em vista que são financiados pelos usuários do serviço público mediante tarifa, em regra, com a fixação de um *quantum* máximo a ser exigido dos mesmos, por isso a classificação da tarifa como preço público.[90] Com a análise da natureza dos serviços delegáveis, verifica-se que o elemento econômico ou lucro é indispensável para a execução de um serviço mediante contrato de concessão, sendo o mesmo possível a partir do exercício de atividade pelo concessionário segundo os postulados de direito privado, atividade que tem em contrapartida a remuneração por parte do usuário, acima referida. A conseqüência é o direito por parte do concessionário à manutenção do equilíbrio econômico-financeiro estabelecido quando da formação da relação contratual.[91] Neste âmbito também surge a discussão a respeito do risco da exploração econômica de atividade pública, motivo pelo qual ao Estado é assegurada a intervenção na fixação das tarifas, para fins de evitar abusos que, porventura, possam ocorrer, conforme será analisado adiante.[92]

No tocante à competência legislativa em matéria de delegações, o art. 175 da Constituição Federal traz aspectos genéricos acerca da concessão e permissão do serviço público, mas não prevê a quem cabe tal competência. Os arts. 175, parágrafo único, e 24, XXVII, da CF dispõem sobre a possibilidade da edição de normas gerais pela União. A regulamentação da matéria sobre concessões e permissões por lei federal torna obrigatória a sua observância pela União, e vincula de forma obrigatória os demais entes da federação às normas gerais que prevê.[93] Apesar da abrangência do art. 175, em face do regime especial dos serviços concedidos, não é

---

[90] Questão de Ordem n. 97.04.49017-8, decisão de 25 de março de 1998, TRF/PR, decisão de lavra do relator Dirceu de Almeida Soares, sobre a natureza jurídica da tarifa: "Aumento de tarifas de energia durante período de congelamento de preços (Portarias PRT-38 e PRT-45/86 – DNAEE). Conflito com os Decretos-leis Del-2283/86 e Del 2284/86. Natureza Jurídica da exação.
Fixação da competência entre as seções especializadas desta corte.
Tratando-se de tarifa, sua natureza jurídica é estabelecida considerando-se a fixação, quando da criação do encargo, do *quantum* máximo a ser exigido do usuário, pelo concessionário. Sendo fixado o teto do encargo dessa forma, trata-se de preço, no entanto, o caráter de serviço, a necessidade de utilização e o monopólio podem conferir-lhe natureza diversa da fiscal, por não ser, também, exação imposta e recebida pelo fisco.
Na espécie não se cuida de taxa ou imposto e sim de preço público, outro elemento formador da receita pública, como o tributo, entretanto diferente tanto deste quanto do preço privado, visto que há o interesse público e o sentido econômico, consistindo no pagamento, quando voluntariamente utilizado, de serviço exercido pelo Estado, não privativamente.
Considerada, assim a natureza jurídica do encargo como não-tributária, resta dirimida a questão da competência, sendo esta exclusiva da 2ª Seção desta Corte, conforme disciplina o ART-2, PAR-2, INC.-II do RITRF/4R."

[91] DI PIETRO, Maria Sylvia Zanella. *Parcerias* ... Op. cit., p. 44 e 92.

[92] SALOMONI. Op. cit., p. 161.

[93] GASPARINI, Diógenes. *Direito Administrativo*. 4. ed. São Paulo: Saraiva, 1995, p. 602.

qualquer serviço que pode ser objeto de concessão e permissão, devendo apresentar a possibilidade de ser explorado comercialmente, por isso cabível a categoria dos serviços públicos comerciais e industriais para estas espécies de delegações.[94]

A regulamentação por lei do regime de prestação do serviço público é assegurada a cada ente da federação como forma de manutenção do princípio federativo. Assim, em face da autonomia garantida aos Estados, Distrito Federal e Municípios, a regulamentação por eles efetuada não perde a sua eficácia em face da lei federal, no tocante às disposições que não contrariarem as normas gerais desta última. Segundo a competência em matéria de regulação dos serviços públicos, a mesma confere à União, aos Estados-Membros e aos Municípios a regulação e execução, sendo, em regra, a União que estabelece quais os serviços que ela vai executar, resultando para os Estados uma competência residual, salvo as hipóteses de interesse local, que pertencem aos Municípios, o que não impede que, em alguns casos, sejam disciplinados e prestados simultaneamente por duas ou mais entidades.[95] O que não é admitindo é que Estados, Distrito Federal e Municípios inovem de modo a não respeitar as disposições constitucionais e as normas gerais da lei federal a que estão vinculados, ressaltando que o âmbito interno de cada ente federativo não é submetido às normas gerais.

No que se refere à autorização legislativa específica para cada concessão, nem a Constituição Federal e nem a Lei 8.987/95 a exigem. Em muitos municípios, as Leis Orgânicas exigem autorização legislativa como requisito para a delegação de concessão pelo executivo municipal. A Lei 9.074/95, no art. 2º, dispensa de autorização os serviços de saneamento básico e de limpeza urbana, interferindo na competência municipal, pois são serviços disciplinados pelas respectivas Leis Orgânicas.[96]

Os serviços públicos a serem desempenhados pelo organismo estatal, ou por concessionárias ou permissionárias legitimamente delegadas não são taxativamente elencados, deixando a CF/88 um espaço para a criação de novos serviços públicos. Tendo em vista uma enumeração não taxativa, o legislador poderá erigir à categoria de serviços públicos determinadas atividades, e neste âmbito se revela a importância da conjugação dos elementos formal e material na conceituação de serviço público.[97] Sobre os serviços passíveis de delegação, a Constituição Federal, nos arts. 21,

---

[94] DI PIETRO, Maria Sylvia Zanella. *Parcerias ...* Op. cit., p. 68.

[95] GASPARINI, Diógenes. Concessão de Serviço Público Municipal. *Revista de Direito Público*, São Paulo, n. 84, p. 180-186, out./dez. 1987.

[96] CINTRA DO AMARAL, Antônio Carlos. *Concessão de Serviço Público*. São Paulo: Malheiros, 1996, p. 95.

[97] NOVAIS, Elaine Cardoso de Matos. Op. cit., p. 141.

incisos XI e XII,[98] 25, § 2º, e 223[99] elenca alguns tipos de serviços delegáveis. Outras hipóteses estão previstas em leis ordinárias, a exemplo da Lei 9.074/95, cujo art. 1º sujeita determinados serviços ao regime de concessão ou permissão. Não cabe, no entanto, ao Poder Judiciário regulamentar a matéria, e nem a competência para decidir quem pode ou não receber em delegação o serviço.[100]

O art. 21, nos incisos XI e XII, indica os serviços que a União pode prestar diretamente ou mediante concessão, permissão ou autorização, incluindo os serviços de telecomunicações, radiodifusão; instalações de energia elétrica e aproveitamento energético dos cursos de água, em articulação com os Estados onde se situam os potenciais hidroenergéticos; navegação aérea, aeroespacial e de infra-estrutura aeroportuária; transporte ferroviário e aquaviário entre portos brasileiros e fronteiras nacionais, ou que transponham os limites de Estado ou Território; os serviços de transporte rodoviário interestadual e internacional de passageiros; os portos marítimos, fluviais e lacustres. Já o art. 25, § 2º, prevê a competência dos Estados federados para explorarem, diretamente ou mediante concessão, os serviços de gás canalizado.[101] E os serviços municipais geralmente repassados para terceiros são os de distribuição domiciliar de água e luz, transportes coletivos, táxi, coleta e destinação de lixo, captação e afastamento de esgotos, de carro guincho e funerários.[102]

---

[98] A decisão do TJRS, na Apelação Cível n. 595205485, de 15.05.96, de lavra do relator Des. Tupinambá Miguel Castro do Nascimento, tem por fundamento o disposto no art. 21, XII, *b*, da CF e apresenta a seguinte ementa: "ENERGIA ELÉTRICA. PRESTAÇÃO DE SERVIÇOS. Os serviços de conexão entre redes particulares e rede da CEEE é prestação de serviço público exigente de concessão ou permissão, ou de delegação da concessionária. REQUISITOS DA DELEGAÇÃO. Pode o concessionário exigir cadastramento prévio para prestação dos serviços de conexão. Apelação improvida."

[99] Sobre a concessão de serviço de radiodifusão o Agravo de Instrumento n. 97.04.48640-5, do TRF4/SC, de 06 de novembro de 1997, tendo como relatora Luiza Dias Cassales, assim dispõe na ementa: "Agravo de Instrumento. Funcionamento de Radiodifusão. Art. 223, CF-88. Concessão.
1. Não é permitido o funcionamento de radiodifusão que não detenha concessão, permissão ou autorização concedida pelo Poder Executivo.
2. Não cabe ao Judiciário suprir a permissão para funcionamento do serviço público restrito, de radiodifusão, que, segundo a lei, só pode ser concedida pelo Conselho Nacional de Telecomunicações."
No mesmo sentido dispõe o Agravo de Instrumento n. 96.04.64258-8, do TRF4/SC, julgado em 02 de outubro de 1997, com relator o juiz Paulo Henrique de Carvalho. Também o Mandado de Segurança n. 0100006509-6, do TRF1/MG, julgado em 26 de agosto de 1998, tendo como relator o juiz Cândido Ribeiro, dispõe que, com base nos arts. 21, inciso XII, e 223, da CF/88, cabe ao Poder Executivo a competência para a outorga de concessão, permissão e autorização de serviço público de radiodifusão sonora de sons e imagens.

[100] Apelação Cível n. 0118747-0, do TRF1/MG, julgado em 27 de agosto de 1998, de lavra do relator juiz Francisco de Assis Betti. Assim também o Agravo de Instrumento n. 0442294-6, do TRF4, com decisão em 13 de agosto de 1998, de lavra da juíza Luiza Dias Cassales, dispondo que o Poder Judiciário não pode substituir a Administração a qualquer título, concedendo ou permitindo, na hipótese do acórdão, a exploração de transporte rodoviário.

[101] DI PIETRO, Maria Sylvia Zanella. *Parcerias ...* Op. cit., p. 68.

[102] GASPARINI, Diógenes. Op. cit.

Antes do advento da Lei 9.074/95, a geração, transporte e distribuição de energia elétrica eram exercidas por empresas estatais, passando essas atividades, com tal lei, a ser objeto de concessão. O processo de descentralização para a prestação de serviços públicos de energia depende da declaração de interesse público, para fins de desapropriação ou instituição de servidão administrativa das áreas necessárias para a implantação dos serviços. Cabe ao concedente a declaração da utilidade pública, mas pode o concessionário receber delegação para executar a desapropriação ou servidão.[103]

No caso do serviço de radiodifusão sonora de sons e imagens, a autorização para o particular é necessária, devendo o direito de difundir informações e idéias ser exercido dentro dos limites razoáveis, visando a assegurar o direito à liberdade de expressão, tendo em vista a ameaça a este último direito se fosse assegurada uma liberdade sem limites.[104] A Lei 8.977/95, regulamentada pelo Decreto 1.718/95, dispõe sobre a modalidade de concessão de serviço de TV a cabo, conferindo a uma pessoa jurídica de direito privado o direito de executar tal serviço, sendo usuário o assinante, que recebe o serviço mediante pagamento de tarifa.

A Lei 9.277/96 prevê a administração e exploração de rodovias e portos, matéria essa incluída na competência federal, que pode ser transferida para Estados e Municípios gerirem o serviço diretamente ou por meio de concessão, mas o relacionamento entre a União e ente federativo não é presidido por normas próprias da concessão, embora o delegatário da competência atue em nome próprio e assuma perante terceiros a condição de titular da gestão, como se a União tivesse atribuído a gestão a outro ente federal, estabelecendo uma situação similar a qualquer convênio, no qual é usual estabelecer um regramento da conduta dos avençantes.[105] Nos serviços de transporte ferroviário e aquaviário, se os mesmos não forem

---

[103] FARIA, Edimur Ferreira de. *Curso de Direito Administrativo Positivo*. Belo Horizonte: Del Rey, 1997, p. 352 e 353.

[104] Agravo de Instrumento n. 05017849-8, do FRF5/CE, julgado em 06 de agosto de 1998, de lavra do juiz Castro Meira. No mesmo sentido o Recurso em *Habeas Corpus* n. 03020869-0, do TRF3/SP, com decisão em 28 de abril de 1998, de lavra do juiz Celio Benvides: "*Habeas Corpus*. Telecomunicações. Instalação de Rádio Comunitária de baixa potência. Expedição de salvo conduto. Descabimento.
1. Os serviços de telecomunicações, inclusive os de radiodifusão, segundo a Norma Constitucional, dependem de autorização e concessão do Poder Público. Inteligência do art. 21 da Constituição Federal.
2. A Carta Constitucional ao garantir a liberdade de comunicação e expressão (art. 5, inciso IX), não afastou a exigência de autorização para a exploração de serviços de radiodifusão (art. 223), pelo que a exploração e utilização ilegais de tais serviços caracterizam, em tese, o crime descrito no art. 70 da Lei n. 4.117/62.
3. Recurso Improvido".

[105] JUSTEN FILHO, Marçal. *Comentários* ... Op. cit., p. 386 e 387.

entre portos ou fronteiras nacionais, realizando-se entre municípios, serão estaduais, e realizados no interior do próprio município, serão municipais. No que se refere ao transporte coletivo rodoviário intermunicipal de passageiros, é serviço público estadual, e o transporte municipal é da alçada dos municípios.[106]

A Lei 9.648/98 alterou o art. 1º da Lei 9.074/95, introduzindo os serviços postais como sujeitos ao regime da concessão ou permissão. Ao artigo referido desta última Lei, acrescenta o parágrafo único com a seguinte redação: "Os atuais contratos de exploração de serviços postais celebrados pela Empresa Brasileira de Correios e Telégrafos – ECT com as Agências de Correio Franqueadas – ACF, permanecerão válidas pelo prazo necessário à realização dos levantamentos e avaliações indispensáveis à organização das licitações que precederão à delegação das concessões ou permissões que os substituirão, prazo esse não poderá ser inferior a de 31 de dezembro de 2001 e não poderá exceder a data-limite de 31 de dezembro de 2002.

Existem atividades de competência do Estado que não podem ser delegadas a particulares, tendo em vista a concessão e a permissão envolver importantes aspectos como os princípios republicano e democrático, além da possibilidade de aferição de lucro com o exercício de atividade assente em postulados de direito privado.[107]

Com a presença dos princípios republicano e democrático, necessário se faz ressaltar a transferência de poder ao particular e o conseqüente enfraquecimento do Estado, do que decorre uma considerável margem de liberdade do particular, apesar do controle do Estado e da sujeição ao regime de direito público. No entanto, conforme referido anteriormente, a transferência de determinadas atividades para o particular representa a tendência atual em descentralizar ou privatizar as atividades estatais, contribuindo para o estabelecimento do Estado nem Mínimo nem Máximo, mas Essencial.[108]

Para a garantia do Estado Democrático de Direito, são indelegáveis as atividades que se constituem no núcleo das competências dos três Poderes, que asseguram a soberania estatal e a garantia de um regime republicano. Desta forma, as competências para legislar e aplicar jurisdicionalmente a Lei não podem ser delegáveis aos particulares, ao passo que no âmbito das atividades administrativas existe uma margem maior para a delegação, com a ressalva de que deve haver a preservação do núcleo das atividades que não são passíveis de delegação. Nesta perspectiva, não são

---

[106] BANDEIRA DE MELLO, Celso Antônio. Op. cit., p. 485.
[107] JUSTEN FILHO, Marçal. *Concessões* ... Op. cit., p. 59 e 60.
[108] FREITAS, Juarez. *Estudos* ... Op. cit., p. 35.

delegáveis as funções políticas do Poder Executivo, a execução de sanções, a fiscalização e a arrecadação tributárias, os serviços de segurança pública ou serviços que dêem identidade ao governo.

A decisão de delegar, especialmente pela via da concessão, tem uma relevância muito especial, uma vez que dela resultam implicações políticas, econômicas e jurídicas. No aspecto político representa uma redução da atuação direta do Estado, e, conseqüentemente, do seu poder e influência na comunidade, tendo em vista que o particular passa a assumir a prestação do serviço objeto da delegação. Do ponto de vista econômico, a atividade exercida passa a envolver recursos de particulares alheios ao aparato estatal, de modo a envolver a utilização de técnicas e procedimentos cada vez mais eficazes para o aperfeiçoamento da prestação do serviço público, além de possibilitar que o particular melhore a sua condição econômica, uma vez que o lucro não é proibido nesta espécie de prestação, quando não comprometer ou prejudicar o interesse público.

Na análise do aspecto jurídico, é ressaltada a realização de contratos com prazos longos, o que exige a preocupação com todas as questões que sejam relevantes para o seu cumprimento, inclusive a consideração com a manutenção da circunstâncias do contrato existentes à época da elaboração, especialmente quando se tratar de contrato de longa duração.[109] O que importa é destacar que a concessão como forma de "privatização" não o é em face do serviço, objeto do ajuste, que continua sendo público, mas em razão de o concessionário assumir, por sua conta e risco a prestação, conforme se verá mais adiante, deixando o Estado de executar de forma direta o serviço pela falta de recursos financeiros, de pessoal especializado, de meios técnicos e equipamentos especializados, fatores esses verificados especialmente na esfera municipal pela carência de recursos financeiros disponíveis.

Conforme a espécie de delegação a classificação dos serviços varia, de modo que os serviços indiretamente prestados pelos concessionários e permissionários integram a categoria de serviços próprios, e os serviços autorizados a categoria de impróprios, pois apesar de estes últimos atenderem a necessidades coletivas, como os próprios, não são executados pelo Estado, apenas autorizados, regulamentados e fiscalizados, mas denominados impropriamente de serviços públicos, tendo em vista consistirem em atividades privadas prestadas pelo particular.[110]

---

[109] JUSTEN FILHO, Marçal. *Concessões* ... Op. cit., p. 117 e 118.
[110] DI PIETRO, Maria Sylvia Zanella. *Direito* ... Op. cit., p. 87 e 88.

3.1. As condições da prestação do serviço público delegado para a satisfação do usuário

No estabelecimento das condições, o grau de controle varia tendo em vista justamente a espécie de serviço a definir a necessidade da utilização de uma modalidade que ofereça maior ou menor segurança. Neste sentido, os serviços próprios ou privativos são necessários quando há uma exigência do exercício da atividade de forma direta por ele, ou mediante a execução indireta por parte dos particulares por meio dos institutos da concessão, permissão.[111] No pólo oposto, são encontrados os serviços públicos impróprios ou não-privativos, que são aqueles que corresponderiam a serviços públicos se prestados pela entidade estatal, e à atividade econômica, se desenvolvidos por particulares.[112]

Pela sua importância e por abranger os administrados em geral, o Estado assume os serviços públicos como próprios, do que decorre a sua necessária submissão a um Regime de Direito Público. No entanto, como foi visto no item específico, determinados serviços públicos podem ser prestados indiretamente por particular que seja capaz de prestá-los nas condições determinadas pelo Estado, conforme o regime próprio.

Tendo em vista o serviço público apresentar características próprias para atingir a toda coletividade de administrados, a sua prestação só pode ser desempenhada por quem detenha, de algum modo, parcela do Poder da Administração. Esta parcela consiste na transferência para o particular da execução do serviço público apenas, e não a sua titularidade, que continua sendo do Estado. A impossibilidade em transferir a titularidade do serviço para o particular é resultado do caráter público do serviço e privativo do Estado.[113] O desempenho de tal serviço, seja de modo direto pela entidade pública, seja de forma indireta pelo particular, mantém sempre a competência do Poder Público, que é o titular do dever de assegurar a prestação à sociedade.

Na execução dos serviços pelos concessionários, as normas aplicáveis para o seu desempenho são comuns àquelas aplicadas quando o serviço é desempenhado pelo próprio Estado, pois o contratado fica na mesma condição perante o usuário. Para as relações estabelecidas pelo concessionário com terceiros, que não dizem com a prestação do serviço público, são elas regidas pelo direito privado, de modo que tais relações jurídicas, por não comporem o objeto do ajuste entre as partes,[114] não se sujeitam ao

---

[111] BANDEIRA DE MELLO, Celso Antônio. Op. cit., p. 486.
[112] NOVAIS, Elaine Cardoso de Matos. Op. cit., p. 126.
[113] BANDEIRA DE MELLO, Celso Antônio. Op. cit., p. 507.
[114] JUSTEN FILHO, Marçal. *Concessões* ... Op. cit., p. 68.

regime público, o que será abordado com a análise do contratante privado como um dos aspectos que formam o regime jurídico das concessões.

Nos contratos com os particulares, o serviço público é singularizado e especificado por um conjunto de princípios que estão na base do regime das delegações de serviços públicos, de modo que são estabelecidas distinções com outros institutos e atividades desempenhadas pelo Estado. Desta forma, apesar de ser o particular o responsável pela execução, que decorre da parcela do Poder da Administração acima referido, a relação jurídico-administrativa apenas atingirá a sua finalidade estando presentes os preceitos superiores que regem o Direito Público.

Como decorrência à submissão do Regime Jurídico de Direito Público no que diz com a prestação do serviço, o próprio Estado dispõe sobre as condições de prestação do serviço, conservando também as garantias para atingir a sua finalidade. Neste sentido, para o bem do interesse público, o Estado pode efetivar as modificações que se fizerem necessárias, bem como retomar o serviço sem que haja oposição do particular.[115] É importante ressaltar desde já que a faculdade de invocação do *factum principis* e o alcance extensivo dos termos contratuais a terceiros não decorrem do ajuste entre as partes, mas do sistema positivo e da condição subjetiva do Poder Público, que acabam por caracterizar de forma indireta o regime juspublicista dos contratos da Administração.[116]

A exigência da adequação do serviço, prevista expressamente para as concessões de serviços públicos, apresenta uma situação complexa, considerando as diferentes atuações do Estado e do concessionário, além das relações destes perante os usuários dos serviços. A Lei 8.987/95, no art. 6º, *caput*, refere que o serviço adequado é para fins de um pleno atendimento dos usuários, com o reconhecimento de que a esfera do usuário é a razão fundamental da existência do serviço público. Também a Lei 9.074/95 refere alguns pressupostos da adequação já destacados pela Lei 8.987/95, especialmente relacionados com o usuário do serviço. Pela posição de destaque que ocupa este último, no controle das relações em que está envolvido deve ser sempre considerada a vulnerabilidade do consumidor, tendo por base a garantia constitucional prevista nos arts. 5º, XXXII, e 170, o art. 4º, I, da legislação específica de proteção do consumidor (Lei 8.078/90), além do fundamento da essencialidade do serviço.[117]

No contrato de concessão, os efeitos são alcançados pelos usuários do serviço, que são terceiros estranhos ao ajuste firmado entre as partes. Esta possibilidade caracteriza o contrato de concessão, pois o usuário

---

[115] BANDEIRA DE MELLO, Celso Antônio. Op. cit., p. 508.
[116] FREITAS, Juarez. *Estudos ...* Op. cit., p. 181.
[117] FREITAS, Juarez. *O Controle ...* Op. cit., p. 92.

assume direitos e obrigações perante as partes contratantes e é decorrente da duplicidade de aspectos que tem a concessão. Além do aspecto contratual, a concessão também tem o aspecto regulamentar no que se refere à prestação dos serviços, e por manter este último aspecto, a posição do usuário não se altera, apesar da prestação indiretamente realizada pelo concessionário.[118] Desta forma, o usuário, como destinatário do serviço, e não como parte da relação contratual, sofre os efeitos da concessão.

O regulamento básico da prestação do serviço é estabelecido no instrumento contratual, mas o poder concedente não pode abdicar da competência de disciplinar a prestação do serviço. Como decorrência da manutenção pelo Estado da disponibilidade sobre o serviço delegado, resulta o exercício da atividade conforme a necessidade em satisfazer o interesse público e, para tanto, o serviço é prestado "se", "quando", "como" e "enquanto" for conveniente.[119]

Nesta perspectiva, a determinação das condições de prestação do serviço público é feita por ato unilateral do concedente, tendo em vista que o Estado mantém a titularidade, sendo este último um dos elementos determinantes na caracterização do regime jurídico da concessão. Com a disciplina da prestação do serviço pelo regime jurídico público,[120] apesar da sua prestação de modo descentralizado, o concessionário fica sujeito aos princípios inerentes à prestação de todo e qualquer serviço público, dando destaque aos princípios da continuidade, igualdade dos usuários e mutabilidade das condições de prestação. Além dos princípios, também sujeita-se às normas constitucionais e legais pertinentes, bem como às normas técnicas que auxiliam no estabelecimento das condições de prestação do serviço público, não podendo o edital e o contrato extrapolar os limites impostos pelo ordenamento jurídico. A Lei 8.987/95 disciplina que, para um serviço ser adequado, deve o mesmo atender às características da regularidade, continuidade, eficiência, segurança, atualidade, generalidade, cortesia na prestação e modicidade das tarifas. O disposto no art. 3º, incisos I, III e IV, da Lei 9.074/95 traz implícitos alguns princípios subjacentes ao da adequação, quais sejam, continuidade, eficiência e generalidade, vindo a reforçar o disposto na lei anteriormente citada.[121]

A característica da regularidade, como um dos elementos para a obtenção de um serviço adequado, significa a manutenção da prestação do serviço segundo padrões qualitativos e quantitativos uniformes. A mesma

---

[118] DI PIETRO, Maria Sylvia Zanella. *Parcerias* ... Op. cit., p. 89.
[119] BANDEIRA DE MELLO, Celso Antônio. Op. cit., p. 507.
[120] JUSTEN FILHO, Marçal. *Concessões* ... Op. cit., p. 122.
[121] BLANCHET, Luiz Alberto. *Concessão de Serviços Públicos*. 2. ed. Curitiba: Juruá Editora, 1999, p. 198.

pressupõe a observância de regras de conteúdo jurídico e também as de natureza não jurídica, como por exemplo, a variação da qualidade da energia elétrica.[122]

A continuidade é exigência que resulta do princípio da indisponibilidade do interesse público a tutelar a prestação de um serviço público, tendo cada espécie de serviço um modo próprio de ter reconhecida a presente característica. O princípio da continuidade visa a assegurar uma certa estabilidade para os usuários do serviço através de sua manutenção de forma ininterrupta, salvo previsão em contrário por lei ou contrato, mas tanto concedente quanto concessionário são igualmente obrigados com a adequada manutenção do serviço.

O particular não pode sofrer as conseqüências advindas da paralisação do serviço público, em decorrência da característica da essencialidade, mesmo no decorrer de uma greve.[123] Por isso cabe ao concessionário evitar que o serviço sofra interrupção prejudicando os usuários considerados individual ou coletivamente, e o descumprimento do princípio da continuidade sujeita o concessionário às conseqüências do inadimplemento. Também justifica os prazos rigorosos estabelecidos no contrato, a aplicação das teorias pertinentes ao equilíbrio econômico-financeiro, a inaplicabilidade da exceção do contrato não cumprido contra a Administração (o art. 6º, § 3º, da Lei 8.987/95 previu as duas únicas hipóteses de interrupção válida), reconhecimento de poderes para a Administração (como o de encampação, o de intervenção e o uso compulsório de recursos da concessionária), reversão de bens da concessionária para o concedente.[124]

Com a característica da eficiência não basta que determinado serviço seja colocado à disposição da coletividade, pois a exigência é de que ela ocorra no momento oportuno e mediante o atendimento dos requisitos indispensáveis. Também deixa de respeitar a referida característica o serviço que onera de forma desnecessária a tarifa ao impor exigências desnecessárias ou oferecer um serviço com capacidade de demanda muito superior aos potenciais usuários, podendo ser citado o transporte de passageiros que comporte mais do que a demanda do serviço. Mas a própria lei já se preocupa com o aspecto da eficiência, ao referir sobre o "aproveitamento ótimo", definindo-o a Lei 9.074 como sendo aquele que corresponde ao melhor eixo do barramento, ao arranjo físico geral tecnicamente mais adequado aos fins do empreendimento, a níveis de água operativos, a reservatório e potência integrante de alternativa escolhida para divisão

---

[122] BLANCHET, Luiz Alberto. Op. cit., p. 52.
[123] Neste sentido, o Mandado de Segurança n. 03012316-3, do TRF3/SP, com decisão em 27 de maio de 1998, de lavra da juíza Eva Regina (substituta).
[124] DI PIETRO, Maria Sylvia Zanella. *Parcerias ...* Op. cit., p. 76 e 77.

de queda da bacia hidrográfica na qual se integra o potencial a ser explorado. Nesses termos, jamais o Poder Público poderia licitar concessão para aproveitamento apenas parcial ou deficiente de potencial hidrelétrico se a demanda exige um aproveitamento maior, bem como analisar de forma criteriosa a preservação ambiental que também integra a formação do padrão de aproveitamento ótimo,[125] apesar da pouca importância que está sendo dada para determinados elementos da natureza como a água potável, que tende a se tornar cada vez mais escassa.

Pela característica da segurança, o Poder Público visa a garantir a prestação de um serviço com um mínimo de risco à integridade da pessoa, seja ela usuária ou não-usuária do serviço público, sendo necessárias todas as providências e cautelas possíveis nas circunstâncias concretas. A manutenção da segurança é do interesse público tanto quanto a prestação do serviço, devendo a proposta considerar os custos necessários para manter as condições de segurança.

A característica da generalidade é a característica da prestação do serviço público pela qual determinado serviço deve abranger toda a coletividade que potencialmente apresenta as condições para usufruí-lo, sendo esta característica pressuposto para que o serviço possa ser qualificado como público, além da vinculação ao princípio da isonomia que impede a preterição de determinado usuário em detrimento de outro, o que não impede a imposição de limites. Representa a igualdade dos usuários perante o serviço público, mas não assegura a continuidade do serviço para o usuário inadimplente.[126] Porém, a Lei 9.074/95 refere de forma expressa que esse atendimento abrangente não exclua populações de baixa renda e das áreas de baixa densidade populacional, inclusive as rurais, demonstrando a importante função social que deve estar presente no desempenho do serviço público pelo particular.

A cortesia é uma das características que decorrem da noção de função no direito público, a qual, com a vinculação ao interesse público, deve ser exercida tendo como pressuposto que a finalidade da prestação do serviço público é a sua destinação para o usuário. Passou a ser dever jurídico do prestador do serviço o modo educado e civilizado de atender o usuário do serviço, como forma de respeito à dignidade da pessoa humana. Não se limita, no entanto, à urbanidade no trato com as pessoas, mas é pressuposto do acesso pelo usuário ao responsável pelo serviço para concretizar o seu direito de participação.A atualidade é característica que requer a adequação da prestação do serviço à modernização tecnológica, especialmente na espécie de delegação que se analisa, provocando a substituição de técnicas

---

[125] BLANCHET, Luiz Alberto. Op. cit., p. 207 e 208.
[126] Idem, p. 54 e 55.

e equipamentos, treinamento de pessoal, com reflexos econômicos consideráveis, que a comunidade suporta. Para tanto, deve o edital de licitação estabelecer os detalhes compatíveis com a natureza do serviço, e na proposta devem ser incluídos os custos com a manutenção da atualidade normal do serviço, pois não enseja posterior revisão das tarifas ou do valor a ser pago ao poder concedente, com exceção para o caso de a Administração efetuar modificações unilaterais, em face das quais é possível a manutenção do equilíbrio econômico-financeiro. A Lei 9.427/96, que dispõe sobre os serviços de energia, traz a possibilidade de ser fixado um investimento mínimo obrigatório anual, visando à expansão do mercado, ampliação e modernização dos recursos para a prestação do serviço.[127] Para fins de uma maior satisfação dos interesses do usuário, deve haver a equivalente ponderação entre a atualidade do serviço e a modicidade das tarifas.

A questão tarifária exclui dos serviços concedidos a característica da gratuidade, pois a tarifa paga pelo usuário, em regra, representa a contraprestação do concessionário pelo serviço prestado e pelo capital investido, sendo este último aspecto considerado para o estabelecimento de uma tarifa módica. Além das tarifas, também são previstas receitas alternativas pela legislação, possibilitando a redução do ônus do usuário.

A modicidade não significa valor reduzido, mas corresponde à idéia de menor tarifa em face do custo e do menor custo em face da adequação do serviço. Para a sua definição, devem ser seguidos critérios jurídicos que levam em conta a situação concreta, observando a espécie do serviço, amplitude, características da necessidade pública, custos da execução do serviço. Sua finalidade é procurar tornar as tarifas justas, e, juntamente com a exigência da característica de tarifa razoável, possibilitar o estabelecimento de um parâmetro de equilíbrio das mesmas, por meio da análise do investimento (certo, comprovado, útil e eficaz), do ganho (justo e razoável), sem deixar de considerar o direito e o patrimônio dos usuários.[128] Desta forma, a modicidade sempre é analisada dentro do contexto dos custos da adequação e do equilíbrio econômico-financeiro.

Convém referir que a Constituição, ao dispor sobre a Lei a disciplinar a política tarifária, preocupa-se especialmente com a igualdade dos usuários no acesso aos serviços públicos. O princípio da igualdade pressupõe que a prestação do serviço deva ser igual para as pessoas que se encontrem em situações semelhantes, aceitando como válida a fixação de tarifas diferenciadas,[129] pois a própria idéia de essencialidade do serviço traz implícito o aspecto do serviço indispensável para uma sobrevivência dig-

---

[127] BLANCHET, Luiz Alberto. Op. cit., p. 54.
[128] GORDILLO, Agustín. Op. cit., p. 28.
[129] DI PIETRO, Maria Sylvia Zanella. *Direito* ... Op. cit., p. 78.

na. A possibilidade referida, de acordo com o art. 13 da Lei 8.987/95, é em função de características específicas e dos custos específicos provenientes do atendimento aos diferentes segmentos da sociedade, sendo a ênfase voltada à condição financeira de determinados usuários em grande parte dependente da vontade política e de uma atuação concreta.

Entretanto, a modicidade das tarifas, como já referido acima, considera de forma especial a adequação do serviço e o equilíbrio das cláusulas econômicas, razão pela qual, em vez de considerar a condição justa, razoável e módica, conforme os interesses e possibilidades da coletividade que utiliza e paga pelo serviço, primeiramente satisfaz os interesses econômicos da concessionária, quando, na realidade, também a justiça das tarifas deve atingir o usuário.[130] Alguns meios de baixar as tarifas são apontados pela legislação e pela doutrina e serão analisados mais adiante.

No Direito Público, a criação dos mecanismos da supremacia do interesse público, das cláusulas do fato do príncipe, maiores flexibilidades para a rescisão contratual com fundamento no interesse público e na continuidade do serviço, apontam para uma prestação dos serviços comprometida com os pressupostos da adequação, pois o não-cumprimento nas condições exigidas deixa ao Estado a tarefa de tomar as medidas necessárias, além de responsabilizá-lo com os problemas decorrentes da falha na fiscalização do serviço, sendo esta uma prática que ganha especial importância na prestação indireta do serviço público, e que deve ganhar ênfase com a sociedade reivindicando mais intensamente os seus direitos na esfera da prestação dos serviços públicos, conforme se verá no capítulo do controle social.

Caracterizada a inadequação do serviço, é conseqüência sua a intervenção do poder concedente, conforme o disposto no art. 32 da Lei 8.987/95, com a finalidade de restabelecer a adequação do serviço, pois como é direito do usuário a prestação do serviço adequado, também é dever imediato do concessionário a sua promoção e preservação, e dever mediato do concedente a fiscalização (art.3º) para manter a adequação.[131] Assim, se com a fiscalização não é possível evitar a inadequação do serviço, ainda restam outros mecanismos como a intervenção ou até a caducidade, pois sendo dever do concedente e concessionário, é direito do usuário passível de ser exigido.

Como já referido, o contrato apresenta uma função social a ser cumprida, sendo que nas delegações representa a prestação do serviço adequado, para a qual o concessionário deve estar ciente do importante papel que desempenha em face da capacidade de gestão que lhe é atribuída pela

---
[130] ROCHA, Cármen Lúcia Antunes. Op. cit., p. 100 e 101.
[131] BLANCHET, Luiz Alberto. Op. cit., p. 60.

Administração, dependendo também da organização dos usuários a exigência para que a prestação se efetive nos moldes propostos pelo Ordenamento Jurídico. Essa adequação é sempre fundada em razões objetivas e impessoais, por isso o pleno atendimento dos usuários tem limites, considerando que não é possível restringir-se apenas à situação pessoal de determinado usuário individualmente considerado, por isso a relevância do reconhecimento da natureza contratual, em cujo instrumento podem ser estabelecidos meios capazes de influenciar a política tarifária, mas sempre no sentido da maior universalização do serviço.

4. Concessão de serviços públicos

A concessão de serviços públicos é uma forma de sua gestão descentralizada há muito tempo utilizada pela Administração Pública, sendo por isso até considerada pela doutrina um "instituto velho",[132] tendo na atualidade como novidade o objetivo ou tendência de privatizar. Representou uma das principais figuras da tradicional Administração para resolver o problema da gestão de serviços públicos, cuja exploração requeria técnica empresarial, por isso a conveniência da prestação por uma empresa privada capaz de satisfazer o serviço público da melhor maneira possível, nas condições exigidas pelas necessidades públicas de cada momento histórico.[133] O mais importante era a alta vantajosidade para o Estado que não assumia os riscos do exercício da atividade, sendo estes assumidos pelo particular. Considerada a concessão uma forma de "privatização", mas mantendo o objeto que historicamente consiste na exploração e no funcionamento de um serviço público,[134] a peculiaridade manifesta, na atualidade, consiste na preferência na delegação para empresa privada, substituindo, assim, a qualidade do concessionário, para que não sejam necessários elevados investimentos por parte do Estado, o que constitui fator de preservação e manutenção do patrimônio público. No entanto, apesar de o particular fazer investimentos de recursos que provêm da iniciativa privada para a prestação de serviços públicos, a evolução da matéria das delegações tem destaque com o princípio da manutenção do equilíbrio econômico-financeiro existente por ocasião do ajuste inicial, evitando que o concessionário assuma perdas em decorrência da responsabilidade de prestar um serviço adequado, originariamente tarefa do próprio Estado. Por isso a importância do instituto contratual para que o terceiro seja legitimado a prestar o serviço público, por meio do exercício de poderes públicos que lhe são transmitidos pela Administração, dentro não só da legalidade, mas também da legitimidade, nos limites que

---

[132] DI PIETRO, Maria Sylvia Zanella. *Parcerias* ... Op. cit., p. 67.
[133] ENTERRÍA, Eduardo Garcia de; FERNÁNDEZ, Tomás-Ramón. Op. cit., p. 641 e 645.
[134] JÈZE, Gaston. *Principios Generales de Derecho Administrativo*. Buenos Aires: Depalma, 1949, v. 3, p. 367.

regime jurídico da concessão estipular, regime este que é o instrumento que fornece os princípios e as normas que visam a equilibrar as esferas pública e privada, as quais buscarão juntas cumprir a mesma finalidade, qual seja, a prestação adequada do serviço público, objeto do ajuste. O contrato que as partes realizam é uma garantia maior da satisfação do interesse público, por isso a submissão a um regime peculiar, composto por normas e princípios que disciplinam e estabelecem os limites à prestação de serviço público por particulares. Nesse contexto se aplica a releitura da noção de legalidade, a qual deixa de ser entendida como uma submissão à lei pura e simples, e passa também a exigir a observância dos princípios, de acordo com o estabelecido constitucionalmente.[135]

4.1. Formação do contrato de concessão

Previamente aos aspectos atinentes à formação do contrato, é necessário proceder à escolha do tipo de delegação, sendo a permissão e a concessão espécies de natureza contratual. Determinados serviços não podem ficar na contingência de submeter-se exclusivamente a determinada categoria jurídica, cabendo à Administração, segundo as variáveis e complexas condições de cada caso, recorrer àquela que é a mais recomendada do ponto de vista jurídico e político-administrativo. Quando da referida escolha, além de considerar a complexidade técnica, necessidade de utilização exclusiva, vulto de capitais necessários, também é essencial o prudente critério administrativo e sabedoria jurídica da Administração. Neste sentido, em determinadas situações, o transporte coletivo é conferido ao particular por meio do instituto da concessão e em outros, por permissão, dependendo do caso concreto.[136] Na prestação de serviços de energia, a própria Lei define os critérios para distinguir os tipos de delegação, utilizando nos artigos 5º e 7º da Lei 9.074/95 a conjugação dos elementos potência e finalidade na escolha entre concessão e autorização, sendo o comando alternativo disposto no art. 6º da mesma Lei inaplicável, por inconstitucional, quando o produtor independente, mediante autorização, destinar à venda a energia produzida, ainda que apenas parcialmente, pois a autorização cabe apenas em casos específicos.[137]

No processo de escolha do tipo de delegação, não pode deixar de ser considerado o princípio da segurança das relações jurídicas, que impõe ao administrador a escolha da opção menos precária possível e de acordo com

---

[135] FREITAS, Juarez. *O Controle* ... Op. cit., p. 61.
[136] TEIXEIRA, J. H. Meirelles. Op. cit.
[137] BLANCHET, Luiz Alberto. Op. cit., p. 208 e 209.

o que, no caso concreto, seja o mais razoável para a satisfação do interesse público. As permissões e concessões apresentando a segurança própria dos contratos, e as autorizações, apesar de não ocorrerem por vínculo contratual, apresentando uma relativa discricionariedade quando analisadas não como um instituto isolado, mas em face da Constituição e dos princípios juspublicistas.[138]

O regime jurídico da concessão estabeleceu as condições referidas no capítulo anterior para que o serviço prestado seja considerado de acordo com os critérios constantes nas normas e nos princípios que o disciplinam, mas para que isto seja possível, o mesmo regime precisa assegurar meios e procedimentos que garantam a escolha do prestador do serviço capaz de prestar o serviço nos termos exigidos. Após rigoroso procedimento de escolha da proposta mais vantajosa, condiciona as partes ao ajuste contratual para o qual a lei estipula cláusulas essenciais, as quais não podem deixar de estabelecer o objeto, a área, o prazo da concessão, o preço do serviço, os critérios e procedimentos para reajuste e a revisão das tarifas, os direitos e deveres dos usuários, os encargos do concessionário, os direitos e deveres relativos a alterações e expansões futuras, as penalidades contratuais e administrativas, além dos elementos para a identificação da igualdade convencionada para o equilíbrio econômico-financeiro,[139] pois a sua ausência impede a prestação da obrigação, e é capaz de provocar a nulidade do contrato.

É a submissão da prestação dos serviços públicos ao regime jurídico público que assegura as prerrogativas da Administração para a garantia da satisfação do interesse público, o que torna as partes envolvidas no ajuste desiguais. Essa posição de desigualdade entre a vontade da Administração e a do particular não descarateriza a relação contratual, em face do equilíbrio econômico-financeiro e do dever de indenizar existentes. Também o serviço público como objeto do contrato não impede a contratação estando presente a Administração em um dos pólos da relação, apenas tornaria impossível a realização entre particulares, pretendendo como objeto um serviço daquela espécie.[140] Podem ser concessionárias pessoas jurídicas, isoladas ou reunidas em consórcio, além da empresa individual em face do disposto no art. 35, VI, da Lei 8.987/95, apesar de ser pessoa física, uma vez que equiparada a pessoa jurídica para fins fiscais, desde que satisfaçam as condições mínimas exigidas no edital, comprovando a possibilidade da posterior execução do objeto contratual.[141]

---

[138] FREITAS, Juarez. *O Controle* ... Op. cit., p. 161 e 171.
[139] BANDEIRA DE MELLO, Celso Antônio. Op. cit., p. 515.
[140] PELLEGRINO, Carlos Roberto. Op. cit.
[141] BLANCHET, Luiz Alberto. Op. cit., p. 33.

A minuta do contrato a ser celebrado pelo proponente vencedor deve ser anexada ao edital da licitação, integrando-o de forma que o proponente estará automaticamente aderindo às condições do edital e de todos os seus anexos. Deste aspecto de prévia fixação do conteúdo do contrato pelo Poder Público, no todo ou em parte, decorre a noção de contrato de adesão, que se faz presente nas contratações em que uma das partes seja a Administração, conforme referido quando da análise do interesse público e sua indisponibilidade. No entanto, a própria noção de contrato de direito público não é integrada apenas por previsões unilaterais da autoridade pública, por isso, quando a Administração Pública concede ao privado o exercício de um serviço público, os poderes e as obrigações a ele conferidos podem ser fixados por via puramente autoritária do concedente, mas pode também ocorrer que este ato unilateral integre o estabelecido contratualmente entre o concedente e o concessionário, dentro da idéia de que a verdadeira estipulação do contrato representa apenas o ato final de uma série complexa de procedimentos administrativos preparatórios.[142]

O contrato apenas se aperfeiçoa se houver assentimento da outra parte, tendo em vista que a noção de contrato administrativo pressupõe concerto de vontades, apesar da existência das cláusulas regulamentares estipuladas unilateralmente, pois falta a essas cláusulas a imperatividade que caracteriza os atos administrativos unilaterais capazes de impor obrigações sem a anuência dos administrados.[143] A Administração, seguindo critérios objetivos, é que define as condições sob as quais contratará, condições essas que representam encargos elaborados unilateralmente pela Administração, geralmente repetindo os preceitos da Lei, por isso muitos autores consideram os contratos administrativos simples atos unilaterais.

A prestação do serviço público consiste numa obrigação de fazer, com uma participação espontânea, por meio da qual o contratante escolhe colocar ou não os seus préstimos a favor do Estado, sendo esta faculdade decorrente das garantias constitucionais que impedem uma requisição compulsória e o constrangimento do sujeito a cumprir prestações positivas, de natureza patrimonial. Também a obrigação de fazer é a que mais perto toca o indivíduo como pessoa, ao veicular emanação da personalidade, ligado indissociavelmente com o conceito de liberdade.[144] Por isso, a única forma de contar com a colaboração do particular é pela via negocial, para a qual o mesmo manifesta a sua concordância,[145] colocando-se o contrato, com os valores que exprime, como o mais novo e avançado modelo de

---

[142] ROPPO, Enzo. Op. cit., p. 344 e 346.
[143] DI PIETRO, Maria Sylvia Zanella. Direito ... Op. cit., p. 209 e 210.
[144] COUTO E SILVA, Clóvis V. do. Op. cit., p. 170.
[145] JUSTEN FILHO, Marçal. Comentários ... Op. cit., p. 38 e 39.

relação entre autoridade e liberdade.[146] Considerando o aspecto da emanação da personalidade, proveniente do direito estrangeiro,[147] juntamente com o princípio da dignidade da pessoa humana previsto na Constituição atual, a liberdade contratual é elevada à categoria de direito fundamental pela importância que exerce na esfera individual de quem contrata.

4.2. Características da concessão de serviços públicos

Os contratos administrativos como instrumento de efetivação da concessão de serviços públicos são estabelecidos para dar cumprimento a uma função pública que a Administração de alguma forma não consegue realizar, deixando a um terceiro a sua prestação imediata. Esta função, no entanto, não pode ser desempenhada por quem a Administração escolha de forma arbitrária e sem obedecer aos critérios que são impostos pelo Ordenamento Jurídico. Desta forma, a concessão para restar caracterizada, deve apresentar determinados elementos, podendo ser definida como "delegação da prestação de serviço público – encetada pela entidade estatal (União, Estados, Distrito Federal ou Município) em cuja competência se encontre o aludido serviço –, por meio de contrato administrativo, bilateral e oneroso, precedido de licitação nas modalidades concorrência ou leilão, a pessoa jurídica ou a consórcio de empresas capazes de assumi-lo por prazo determinado e por sua conta e risco, em harmonia com as exigências dos princípios regentes da Administração Pública, inclusive o da economicidade."[148]

Disto decorre a necessidade de uma análise mais específica das características dos contratos, sendo que a sua compreensão abrange princípios e normas integrantes do Ordenamento que disciplinam a matéria de Direito Administrativo em geral, considerando de modo especial a interpretação do contrato em face dos princípios fundamentais constitucionalmente garantidos.

Na busca da melhor proposta para a execução dos serviços públicos, além das características próprias do regime que disciplina todos os serviços públicos, como a submissão ao princípio da legalidade, a possibilidade de constituir obrigações por ato unilateral, a presunção de legitimidade dos atos praticados, a auto-executoriedade deles, bem como sua revogabilidade e unilateral declaração de nulidade, a continuidade necessária das ativida-

---

[146] COUTO E SILVA, Clóvis V. do. Op. cit., p. 347.
[147] HESSE, Konrad. *Derecho Constitucional y Derecho Privado*. Madrid: Editorial Civitas, 1995, p. 86.
[148] FREITAS, Juarez. *Estudos* ... Op. cit., p. 41.

des havidas como públicas,[149] a Lei 8.987/95 prevê expressamente outros princípios já referidos anteriormente, que incidem na temática da prestação dos serviços, alterando inclusive a natureza tradicional dos contratos públicos. São eles os princípios da ausência de exclusividade na exploração dos serviços, da liberdade de escolha por parte do usuário, além da competitividade, os quais caracterizam o instituto da concessão e orientam novos rumos nas delegações de serviços públicos, especialmente na influência que exercem, juntamente com a modalidade licitatória da concorrência, sobre a melhoria da qualidade dos serviços públicos, na perspectiva de que se opere a evolução esperada no âmbito das delegações.

4.2.1. Intuitu Personae

Da característica *intuitu personae*, pela qual a concessão deve ser delegada a uma pessoa específica, decorre a licitação como uma condição para a sua realização, com a observância rigorosa dos princípios inerentes à licitação como a impessoalidade, a igualdade e a imparcialidade também na prestação indireta do serviço público.[150] O art. 14 da Lei 8.987/95 elenca, além desses princípios, os princípios da legalidade, da moralidade, da publicidade, da objetividade dos critérios de julgamento, da vinculação ao instrumento convocatório do evento seletivo, bem como outros como o da boa-fé, o da razoabilidade e o da motivação. Mas a disciplina das licitações tem por base, antes de mais nada, os princípios e normas constitucionais acerca da organização do Estado e do desenvolvimento da atividade da Administração,[151] devendo a interpretação da legislação infraconstitucional sobre as licitações fundar-se nas diretivas impostas pelos preceitos superiores da Carta Magna.

O princípio da impessoalidade se destaca pela sua importância, na medida em que fundamenta a República Democrática, servindo de base para o modelo administrativo adotado,[152] especialmente com a exigência da prévia licitação nas contratações com empresas capitalistas. Porém,

---

[149] BANDEIRA DE MELLO, Celso Antônio. Op. cit., p. 480.

[150] Constitui ofensa ao Princípio da Igualdade a preferência nas concessões e permissões por determinado prestador, ensejando Inconstitucionalidade da Lei Municipal que traz previsão desta espécie. A decisão da Ação Direta de Inconstitucionalidade n. 592005912, do TJRS, decidida em 27/04/92, de lavra do relator Sérgio Pilla da Silva, apresenta a seguinte ementa: "CONCORRÊNCIA PÚBLICA, inconstitucionalidade das normas da lei Orgânica Municipal que estabelecem a co-participação do Poder Legislativo nos atos e fases do processo licitatório e a preferência, nas concessões e permissões do sistema de transporte coletivo urbano, às cooperativas de trabalhadores do setor. LIMITE MÍNIMO de empresas para operação do sistema de transporte coletivo urbano e PERCENTUAL MÁXIMO de exploração dos serviços por empresa. Inconstitucionalidade dos dispositivos do Ato das Disposições Transitórias da LOM do Município de Canoas. Votos Vencidos".

[151] JUSTEN FILHO, Marçal. *Comentários* ... Op. cit., p. 13.

[152] ROCHA, Cármen Lúcia Antunes. Op. cit., p. 45.

apesar da impossibilidade de obtenção via judicial de uma delegação, não há ofensa aos princípios da Administração Pública a manutenção da atividade pelo Poder Judiciário quando prestada há longo tempo, com a tolerância da Administração, até que seja aberta a licitação para a regularização do serviço, quando reconhecidos fatores essenciais, como o longo tempo de atividade tolerada pela Administração, necessidade do serviço e a ausência de prejuízo para o Estado.[153] E o fundamento para a tendência pela não-decretação da nulidade,[154] tem amparo na supremacia do princípio da continuidade do serviço sobre o comando do art. 43 da Lei 8.987/95, que encontra sua base não na norma legal (resultante da conjugação dos arts. 2º, I, e 6º da Lei 8.987/95), mas na norma constitucional prevista no art. 175, IV, que se sobrepõe às normas subalternas.[155]

O procedimento licitatório, rigorosamente realizado de acordo com os preceitos legais, é fundamental para que não sejam apontadas irregularidades capazes de ensejar a sua anulação e a do contrato dele decorrente. A finalidade desse procedimento visa a garantir a igualdade dos particulares e a obtenção pela Administração das condições mais vantajosas para o interesse público.[156] Assim, a participação da Administração de um contrato não é em si o pressuposto da licitação, sendo pressuposto o dever assumido em realizar uma prestação em benefício do particular, por meio da escolha da melhor proposta e a observância do princípio da isonomia,[157] além da garantia da transparência no trato com os particulares.

É o princípio da publicidade o instrumento que auxilia na garantia da transparência referida, possibilitando ao usuário ter a chance de tomar conhecimento da existência, do conteúdo e do alcance dos atos administrativos, bem como o controle dos mesmos. Sem a publicidade, é impossível auferir se um ato administrativo é legal, se tem finalidade pública, ou se atende aos princípios da moralidade e da impessoalidade.[158]

---

[153] Agravo de Instrumento n. 0406602-5, do TRF4/PR, com decisão em 20 de agosto de 1998, de lavra da juíza Marga Barth Tessler.
[154] Apesar da obrigatoriedade da licitação, na Apelação Cível do TJRS n. 596016808, de 09.10.96, a decisão é pela não-decretação da nulidade, conforme segue a ementa: "Administrativo. Serviço Público. Concessões ou permissões. Licitação. Concessões, anteriores e posteriores à vigência da atual CF/88 concedidas sem prévia concorrência pública. Decretação de nulidade de tais concessões que nenhum benefício traria à coletividade, senão que instalaria, não só o caos administrativo como também no transporte coletivo municipal. IMPROCEDÊNCIA das ações declaratória e cautelar. Apelo PROVIDO".
[155] BLANCHET, Luiz Alberto. Op. cit., p. 199.
[156] ENTERRÍA, Eduardo Garcia de; FERNÁNDEZ, Tomás-Ramón. Op. cit., p. 627.
[157] JUSTEN FILHO, Marçal. *Comentários* ... Op. cit., p. 49.
[158] BACELLAR FILHO, Romeu Felipe. *Princípios Constitucionais do Processo Administrativo Disciplinar*. São Paulo: Max Limonad, p. 183.

A característica *intuitu personae* do contrato de concessão precisa ser entendida nos termos do subsistema de Direito Administrativo, e não conforme os preceitos de Direito Privado, em que a autonomia da vontade permite uma liberdade contratual mais ampla, o que se reflete também na escolha do contratante. No âmbito da Administração Pública, o cunho personalíssimo representa o preenchimento de requisitos ou exigências que levam à escolha de um determinado particular, após um procedimento licitatório de acordo com as disposições legais, com ampla possibilidade de participação de todos os eventuais interessados. Ao prever a necessidade da prévia licitação, a Lei preocupa-se também com a condição do usuário, em já nesta fase, como em todos os atos que seguem, assegurar o direito de acesso e informações.

Em se tratando de contrato de concessão e permissão, a obrigatoriedade da licitação está presente, inclusive na delegação para as entidades paraestatais.[159] A exigência da licitação está prevista no art. 175[160] da Constituição Federal, e a Lei 8.987/95, em seu art. 2º, inciso I e III, disciplina a licitação para a concessão de serviços públicos, prevendo para esta espécie de delegação a modalidade de concorrência, com exceção nos arts. 27 e 29 da Lei 9.074/95, pela qual a modalidade cabível é o leilão, nos casos em que os serviços públicos são prestados por pessoas jurídicas sob controle direto ou indireto da União, e com a pretensão de efetuar a privatização simultaneamente com a outorga de nova concessão ou com a prorrogação das concessões existentes, ressalvando apenas a impossibilidade desta última modalidade no serviço de telecomunicações. Uma das situações previstas nos artigos citados é relacionada com a outorga de nova concessão ou prorrogação de concessões existentes mediante privatização, com a alienação do controle delas, e a outra, no caso de empresas incluídas no Programa Nacional de Privatização, sem operar alienação das cotas ou ações representativas de seu controle, prevê o trespasse da concessão, outorgando-a como concessão nova, por meio de leilão.[161] A Lei 8.666/93 também é utilizada de forma subsidiária, apesar de haver um capítulo próprio sobre licitação na Lei 8.987/95. A exigência das duas modalidades de licitação referidas traz implícita a preocupação com a garantia da máxima transparência na busca da proposta que melhor se adequar às necessidades da sociedade, e não apenas da Administração.[162]

---

[159] FREITAS, Juarez. *O Controle* ... Op. cit., p. 163.

[160] Conforme referido anteriormente, não pode o Poder Judiciário delegar determinado serviço e estabelecer as condições de sua exploração, sob pena de contrariar o art. 175, da CF/88, e, conseqüentemente, resultar na nulidade da decisão monocrática. Neste sentido, o Agravo de Instrumento n. 0215477-0, do TRF2/RJ, com decisão em 26 de maio de 1998, de lavra do relator Ney Valadares; e a Apelação Cível n. 0100016529-5, do TRF1/BA, decidida em 19 de maio de 1998, de lavra do juiz Velasco Nascimento.

[161] BANDEIRA DE MELLO, Celso Antônio. Op. cit., p. 511.

[162] FREITAS, Juarez. *O Controle* ... Op. cit., p. 165.

Tendo em vista a necessidade de critérios objetivos, com respeito à competência do legislador, a Lei 9.472/97, que dispõe sobre os serviços de telecomunicações, apresenta vício nos arts. 89 e 119, ao estabelecer que as licitações para concessões e permissões serão disciplinadas pela Agência,[163] haja vista que propicia ainda mais fortemente a influência do poder econômico e político na escolha das emissoras.

O procedimento licitatório para a escolha do concessionário de TV a cabo orienta-se pelas Leis 8.666/93 e 8.977/95, apresentado esta última regras diversas daquelas contidas na lei geral de licitações, especialmente no que se refere à habilitação das empresas interessadas e aos critérios de julgamento das propostas. O procedimento inicia-se com a consulta pública mediante edital publicado no Diário Oficial da União, a cargo do Ministro de Estado das Comunicações. Com a consulta pública, são considerados dados como a densidade demográfica média na região, o potencial econômico, o impacto socioeconômico, a possibilidade de atendimento do maior número de municípios e a quantidade de pontos de acesso público ao serviço por meio de universidades, escolas, bibliotecas, museus, hospitais, postos de saúde.[164]

Nas concessões para produção, transmissão e distribuição de energia elétrica, a Agência Nacional de Energia é o órgão competente para promover as licitações, conforme prevê a Lei 9.427/96, em seu art. 3º, inciso II, ensejando a mesma preocupação na referência feita no tocante às telecomunicações.

A preocupação com o equilíbrio contratual é necessário já nas formalidades da licitação, prévias à contratação, pois o controle que se realiza nesta fase visa a evitar que os termos contratuais estabelecidos proporcionem lucros exagerados, que acabam por onerar de forma exagerada quem necessita do serviço. Neste sentido, a incidência do princípio da proporcionalidade tem sua relevância na verificação do necessário equilíbrio, visando, numa atuação conjunta com os demais princípios, especialmente, a evitar e proibir os excessos com a medida limite, que é a salvaguarda dos interesses públicos e privados. Na compatibilização desses interesses é necessária uma hierarquização de valores, considerando sempre a finalidade que deve ser atingida.[165]

A dimensão econômica do contrato público não pode ser entendida no sentido da maior vantagem pecuniária, e nesta linha de raciocínio o Princípio da Economicidade é entendido, fazendo com que, dentre as escolhas teoricamente possíveis, o agente administrativo escolha a propos-

---

[163] DI PIETRO, Maria Sylvia Zanella. *Parcerias* ... Op. cit., p. 112.
[164] FARIA, Edimur Ferreira de. Op. cit, p. 354 e 355.
[165] JUSTEN FILHO, Marçal. *Comentários* ... Op. cit., p. 66, 67 e 75.

ta mais vantajosa, observando especialmente três fatores: a previsibilidade, relacionada ao aspecto das informações e cautelas observadas no momento da tomada da decisão, que na ocasião representava ser a mais adequada; outro fator que é levado em consideração, dando cumprimento a um dos objetivos do Estado Democrático de Direito, diz com a valorização da pessoa humana e a preservação da sua integridade, sendo necessário muitas vezes uma opção mais onerosa para respeitar este aspecto; e outro princípio que vincula todos os atos administrativos é a observância do princípio da legalidade impondo a observância das formalidades necessárias, o que também afasta, muitas vezes, a máxima vantagem econômica.[166]

Desta maneira, fica a vantajosidade da proposta diretamente ligada aos critérios objetivos de julgamento do ato convocatório, obedecendo a realização da escolha aos requisitos prévia e objetivamente estabelecidos pelo Estado para que haja a observância do importante princípio da impessoalidade, anteriormente referido, capaz de garantir, em última análise, a contratação do terceiro que esteja efetivamente em condições de desempenhar a função da maneira exigida para o cumprimento do interesse público. Apenas assim a Administração estará cumprindo o seu dever de realizar a prestação menos onerosa e capaz de propiciar maior vantagem, dentro da relação custo-benefício que se estabelece, considerando que a vantagem da contratação se traduz, em regra, em benefícios financeiros ou técnicos. A opção pela maior qualidade da prestação ou pelo maior benefício econômico no caso concreto,[167] dependerá da ponderação dos valores envolvidos e da satisfação das necessidades mais emergentes para o melhor atendimento da coletividade.

O art. 15 da Lei 8.987/95 estabelece critérios de julgamento, os quais, embora preferenciais, não excluem a utilização daqueles constantes da Lei 8.666/93, com as alterações posteriores pela Lei 8.883/94, quando necessário.[168] São dispostos da seguinte maneira:

I – o menor valor da tarifa do serviço público;
II – a maior oferta, nos casos de pagamento ao poder concedente pela outorga da concessão;
III – a combinação dos critérios referidos nos incisos I e II deste artigo;
IV – a melhor proposta técnica, com preço fixado no edital;
V – melhor proposta em razão da combinação dos critérios de menor valor da tarifa do serviço público a ser prestado com o de melhor técnica;

---

[166] JUSTEN FILHO, Marçal. *Comentários* ... Op. cit., p. 70 e 71.
[167] Idem, p. 51, 58 e 63.
[168] FREITAS, Juarez. *Estudos* ... Op. cit., p. 51.

VI – melhor proposta em razão da combinação dos critérios de maior oferta pela outorga da concessão com o de melhor técnica;

VII – ou melhor oferta de pagamento pela outorga após qualificação de propostas técnicas.

Apesar de não criar novos tipos de licitação, o art. 15 da Lei 8.987/95 inova ao possibilitar a conjugação de critérios, conforme estabelece o inciso III acima transcrito, resultando num novo tipo híbrido de licitação, conjugando menor tarifa e maior/melhor oferta.[169] A aplicação deste critério só é admitida quando previamente estabelecida no edital de licitação, e com regras e fórmulas precisas para a avaliação econômico-financeira. De acordo com o § 2º do artigo em análise, o edital de licitação deve estabelecer os parâmetros e exigências para a formulação das propostas técnicas, para fins de aplicação nos incisos IV, V, VI e VII. Todas as exigências de qualificação técnica e econômica, pelo disposto no art. 37, XXI, da CF, são admissíveis quando indispensáveis à garantia do cumprimento das obrigações, mas as exigências desproporcionais ao conteúdo da contratação caracterizam um meio indireto de restrição à participação, conforme se verá adiante.

Ainda no tocante ao art. 15, com relação às propostas inaceitáveis, o § 3º estabelece que as propostas manifestamente inexequíveis ou financeiramente incompatíveis com os objetivo da licitação devem ser recusadas pelo poder concedente. Também o art. 17 é uma das hipóteses em que a proposta deve ser desclassificada, em face da dependência de vantagens ou subsídios que não estão autorizados previamente em lei e à disposição de qualquer licitante. Igualmente o § 1º do art. 17 é uma hipótese em que a proposta é desclassificada quando, para sua viabilização, entidade estatal alheia à esfera do poder concedente, necessitar de subsídios do poder público que a controla, o que será analisado com a verificação do tipo de contratante a prestar o serviço mediante concessão. Além dessas hipóteses previstas expressamente na lei, outros motivos podem levar à desclassificação como o estabelecimento de valores simbólicos, irrisórios ou iguais a zero; o não-atendimento às exigências do edital; e quando contiverem vantagem ou preço baseados em ofertas dos demais licitantes.[170]

Previamente ao edital deve a Administração ter definido o fim a ser atingido, para depois proceder às funções de publicidade e regulação. Com a função de publicidade, o edital é um veículo pelo qual os interessados e a comunidade têm acesso às decisões administrativas, no caso específico, ao exame do conteúdo do edital, garantindo a eles o exercício do controle da atividade estatal. A divulgação representa o marco para que os poten-

---

[169] BLANCHET, Luiz Alberto. Op. cit., p. 83.
[170] Idem, p. 85.

ciais interessados decidam participar. A função de regulação significa o estabelecimento das regras que disciplinarão a licitação, pois cabe à Administração escolher as condições sobre o futuro contrato, tornando previsíveis os atos que serão praticados.[171] Neste sentido, a importância do edital em estabelecer parâmetros seguros que possibilitem o controle necessário para que a licitação efetivamente se estabeleça nos limites impostos pela Constituição, devendo conter regras úteis e necessárias, e não apenas repetições literais do disposto na legislação.

Para a elaboração do edital de licitação pela entidade concedente, o art. 18 da Lei 8.987/95 prevê a incidência das normas gerais de licitação, mas define normas específicas para o instituto da concessão, como o que se busca contratar com o licitante vencedor, bem como os prazos para recebimento das propostas, julgamento da licitação e assinatura do contrato. Além do referido dispositivo, também os artigos 11, 20 e 21 da mesma Lei são relativas ao edital e aplicáveis nos casos determinados.

No que se refere ao conteúdo do edital, o objeto, metas, prazo e sua prorrogação, requerem descrição minuciosa, sendo que o objeto consiste na indicação do serviço público a ser executado pelo concessionário, e as condições que individualizam e identificam a concessão. As metas representam os objetivos para alcançar a finalidade almejada e estabelecem parâmetros para a exigência dos investimentos pelo concessionário. Com relação ao prazo, sua determinação é fundamental para a definição da viabilidade financeira e cálculo da taxa de retorno do investimento. A descrição das condições necessárias à prestação devem constar no edital de forma mais especificada do que são referidas na legislação, por meio do estabelecimento de parâmetros de apuração da condição de adequação do serviço para o caso concreto, devendo ser explicado em que consistem tais parâmetros, sob pena de não ser possível a exigência de determinadas cláusulas do contrato.[172] As condições a serem observadas pelos participantes da licitação estão na lei e no ato convocatório, complementando este último a vinculação à lei.

Desta forma, o princípio da vinculação ao edital não é absoluto, podendo o Poder Judiciário avaliar as cláusulas sempre que houver violação ao princípio da isonomia, identificável com o estabelecimento de discriminação desvinculada do objeto da licitação, exigência desnecessária, requisitos desproporcionados com as necessidades da futura contratação e adoção de discriminação ofensiva aos valores constitucionais que

---

[171] JUSTEN FILHO, Marçal. *Comentários* ... Op. cit., p. 203.
[172] Idem, p. 204 e 205.

prejudiquem a participação de possíveis interessados.[173] O controle é necessário para garantir que a realização deste último princípio seja simultânea e conjunta com a seleção da proposta mais vantajosa, pois não é possível privilegiar um deles como fim em si mesmo.[174]

Os prazos estabelecidos no edital representam um meio de o cidadão e a Administração Pública controlar a juridicidade não apenas formal, mas também material do processo licitatório. Tais prazos, sem impedir uma certa maleabilidade para os casos de liminares concedidas judicialmente ou interposição de recursos administrativos, devem ser rígidos o suficiente para não permitirem incertezas para os administrados e retardamentos imotivados da entidade que o promove. Qualquer alteração do prazo estipulado no edital deve ser motivada para ser legítima juridicamente. Igualmente o prazo para a assinatura do contrato deve ser respeitado, pois com ele se esclarece que a licitação é um momento prévio com o qual se objetiva o vínculo obrigacional, significando inclusive um direito do licitante vencedor, somente se extinguindo por circunstâncias novas e não previsíveis.[175]

Quando cabível, a previsão da receita alternativa, complementar, acessória ou derivada de projeto associado é obrigatória no edital de licitação e no contrato, devendo a fiscalização ser constante, para fins de verificar a manutenção da equação do contrato. As receitas provenientes dessas fontes também têm a finalidade de assegurar tarifas cada vez mais módicas na prestação do serviço público,[176] por isso a necessidade de ser estipulado no edital se as mesmas serão ou não destinadas com exclusividade para o concessionário, opção esta que não é discricionária por estar vinculada à finalidade de favorecer a modicidade. Se apenas parte de qualquer dessas receitas for suficiente para que o capital seja remunerado, não é cabível a exclusividade,[177] revertendo os benefícios para o Poder Público ou para os usuários.

Os direitos e obrigações do poder concedente e da concessionária em relação às alterações e expansões futuras e previsíveis, para a continuidade do serviço, também constam do edital. Em caso de não serem previstas no

---

[173] Neste sentido a decisão do Mandado de Segurança n. 5418/DF, *in Revista de Doutrina e Jurisprudência* n. 56/01 – 394, cuja ementa segue nos seguintes termos: "Direito Público. Mandado de Segurança. Procedimento Licitatório. Vinculação ao Edital. Interpretação das cláusulas do Instrumento Convocatório pelo Judiciário, fixando-se o sentido e o alcance de cada uma delas e escoimando exigências desnecessárias e de excessivo rigor prejudiciais ao interesse público. Possibilidade. Cabimento do Mandado de Segurança para esse fim. Deferimento."
[174] JUSTEN FILHO, Marçal. *Comentários ...* Op. cit., p. 67.
[175] ROCHA, Cármen Lúcia Antunes. Op. cit., p. 133 e 134.
[176] FIGUEIREDO, Lúcia Valle. *Curso de Direito Administrativo*. 3. ed., São Paulo: Malheiros, 1998, p. 84.
[177] BLANCHET, Luiz Alberto. Op. cit., p. 72.

edital ou no instrumento representativo da concessão, e unilateralmente feitas, devem passar por uma avaliação da sua necessidade, pois tais medidas só se justificam se a continuidade do serviço corre risco,[178] e em casos extremos, até que seja feita outra licitação, sob pena de ofensa aos princípios da licitação.

Os bens reversíveis devem ser indicados no edital, bem como as características e as condições em que serão postos à disposição, nos casos em que houver sido extinta a concessão anterior, de acordo com o disposto no art. 18, X e XI, da Lei 8.987/95. Se o edital não prever outra solução, os bens retornam ao concessionário, ao final da concessão, conforme se verá adiante.[179]

Com a admissão de consórcio para a concessão, a característica *intuitu personae* não fica prejudicada, tendo em vista que ela está relacionada com todas as empresas integrantes do consórcio, e não apenas em relação a uma delas ou ao consórcio em si, pois este não tem personalidade jurídica. O art. 20 da Lei 8.987/95 é norma característica do regime especial que rege as delegações, tendo em vista a preocupação com a preservação do interesse público. Tal artigo prevê que o poder concedente pode, desde que previsto no edital, determinar que, em caso de ser o consórcio o licitante vencedor, este se constitua em empresa antes da celebração do contrato. Com esta medida, o controle fica mais fácil, pois não haverá problema em misturar os recursos públicos e privados, à medida que a concessionária vai gerir serviço público e administrar paralelamente patrimônio público.[180] Necessário considerar, no entanto, que o administrador não tem a liberdade de escolher em prever ou não no edital a constituição de empresa única, sendo ela obrigatória. Este entendimento decorre não da literalidade do texto da Lei, mas de uma interpretação baseada na finalidade da norma, qual seja, no interesse do serviço concedido.[181]

Pelo princípio da ampla publicidade dos atos e do direito constitucional à informação, toda pessoa tem assegurada a possibilidade de obtenção de certidões sobre atos, contratos, decisões ou pareceres relacionados com a licitação ou concessão, auxiliando no exercício da cidadania como dever-direito.[182] A preocupação do legislador no tocante ao controle social se destaca ao disciplinar, no art. 21 da Lei 8.987/95, a possibilidade de acesso do mesmo a estudos, investigações, levantamentos, projetos, obras e despesas ou investimentos efetuados de utilidade para a licitação.

---

[178] BLANCHET, Luiz Alberto. Op. cit., p. 99 e 100.
[179] JUSTEN FILHO, Marçal. *Concessões* ... Op. cit., p. 216.
[180] DI PIETRO, Maria Sylvia Zanella. *Parcerias* ... Op. cit., p. 114.
[181] BLANCHET, Luiz Alberto. Op. cit., p. 113 e 114.
[182] ROCHA, Cármen Lúcia Antunes. Op. cit., p. 136.

Com este dispositivo, o controle e a fiscalização dos atos do Poder Público são estimulados, pois o acesso a uma investigação mais rigorosa representa a base para uma efetiva participação do cidadão ou qualquer potencial usuário do serviço público, como garantia de lisura e atendimento aos princípios da licitação. A violação ao Princípio da Publicidade acarreta a nulidade dos atos da licitação e a necessidade de sua reiteração, no entanto, devem ser analisados os efeitos da ofensa no caso concreto, para verificar se deve ou não ser feita a renovação integral da licitação, ou se ela pode ser aproveitada.[183]

O disposto no art. 31 da Lei 9.074/95 difere do disposto no art. 9º, inciso I, da Lei 8.666/93, ao disciplinar que os autores ou responsáveis economicamente pelos projetos básico ou executivo podem participar, direta ou indiretamente, da licitação ou da execução dos serviços.

O que no contrato administrativo garante o personalismo, em última análise, é o requisito da idoneidade (habilitação), através do qual é feita a verificação se o concessionário tem capacidade econômica, financeira e técnica, e o princípio da isonomia, que garante a todos os interessados que apresentarem as condições exigidas, o acesso para contratar com a Administração Pública,[184] desde que preenchidas as condições pessoais e os meios materiais indispensáveis para a prestação do serviço, no intuito de garantir segurança à entidade pública que promove a concessão, impedindo também graves prejuízos que podem atingir a coletividade, especialmente quando a necessidade de elevados recursos impedir o concessionário de finalizar e cumprir com o ajustado.

Da existência dessa segurança ou estabilidade que gera laços de coesão, permanência e de respeitabilidade mútua, depende a justiça,[185] cujo conceito, apesar de exigir tomada de decisões que não sejam determinadas em face de interesses pessoais, necessariamente deve considerar o aspecto acima referido da capacidade, que pressupõe a garantia do cumprimento dos serviços que exigem investimentos de alto vulto. Esta exigência coincide com a admissão pelo conceito de justiça de desigualdades econômicas, desde que haja benefício para os menos favorecidos, ou seja, na aplicação para o caso das delegações, atingir uma coletividade que requer a menor tarifa possível como contrapartida do serviço prestado, pois os serviços são essenciais e abrangem a coletividade como um todo, composta de uma grande maioria de pessoas pobres.[186]

Considerando as exigências de cada espécie de delegação, qualquer pessoa, inclusive estrangeiro, pode participar de licitação, mas devem ser

---

[183] JUSTEN FILHO, Marçal. *Comentários* ... Op. cit., p. 84.
[184] Idem, p. 52.
[185] FREITAS, Juarez. *O Controle* ... Op. cit., p. 76.
[186] RAWLS, John. *Uma Teoria da Justiça*. São Paulo: Martins Fontes, 1997, p. 333.

observadas as regras que legitimam a atuação de estrangeiros no Brasil. A pessoa física estrangeira poderá participar de licitação se em situação regular perante a legislação correspondente e as pessoas jurídicas dependem de autorização governamental, por isso não teria mais fundamento o dispositivo legal (art. 3°, § 2°, da Lei 8.666/93) que dá preferência em favor de empresa brasileira. A preocupação com a garantia da competitividade faz com que não exista discricionariedade em definir no edital a admissibilidade ou não de consórcios ou de licitantes estrangeiros sempre que aquela estiver ameaçada de restrição.[187] Mas a exclusiva participação de proponentes nacionais, além de comprometer a competitividade, também pode favorecer a formação de cartéis,[188] o que tornaria mais difícil a aplicação prática de todos os preceitos de adequação e de amplo acesso do usuário, em virtude da força que o poder econômico consegue impor na sociedade. Há uma exceção para o caso das concessões para aproveitamento de potenciais de energia hidráulica, as quais não podem ser concedidas a estrangeiros em razão da vedação prevista no art. 176, § 1°, da CF/88.

A habilitação jurídica é a possibilidade de validamente contratar, sendo utilizadas as normas de direito civil e comercial para apurar se o sujeito pode praticar os atos da vida civil. Se o sujeito não preencher os requisitos de habilitação jurídica e houver contratação, esta será nula. A regularidade fiscal requer exigências capazes de evidenciar a idoneidade e confiabilidade do sujeito, não sendo um meio de coagir ao pagamento de créditos fiscais, sob pena de configurar Desvio de Poder. Na habilitação técnica, a Administração avalia os requisitos fixados, devendo dispor de dados técnicos que justifiquem a exigência mínima indispensável, sob pena de invalidade do ato que restringe o amplo acesso de licitantes. Para a qualificação econômico-financeira, a Administração tem o poder-dever de verificar se o interessado dispõe de recursos para a satisfatória execução do objeto, cuja avaliação é feita por critérios objetivos fornecidos pela Ciência da Contabilidade, utilizando as demonstrações financeiras do concorrente que irão certificar se há situação de disponibilidade financeira.[189]

A fase da habilitação é a fase da abertura das sobrecartas, que também requer a observância ao princípio da impessoalidade, por meio do qual a licitação tem caráter geral, que se manifesta com o condicionamento de sua realização a um momento determinado para declarar a idoneidade e a capacidade de contratar com a administração, não podendo nenhum concorrente ser eliminado antes da abertura referida.[190]

---

[187] JUSTEN FILHO, Marçal. *Comentários* ... Op. cit., p. 24, 81 e 82.
[188] BLANCHET, Luiz Alberto. Op. cit., p. 35.
[189] JUSTEN FILHO, Marçal. *Comentários* ... Op. cit., p. 294 a 330.
[190] A decisão proferida pelo TJRS, no Agravo de Instrumento n. 598022028, in RJTJRS n. 189:264-269, assim dispõe na ementa: "Direito Administrativo. Vendas das Ações da Corsan. Concorrência.

A exigência constitucional da licitação legitima a realização de uma subconcessão ou transferência de concessão sem perder a característica *intuitu personae*, dando com isso cumprimento aos princípios da impessoalidade e moralidade administrativas, dentre outros. No que se refere à subconcessão, a Lei 8.987/95, no art. 26, § 1º, prevê expressamente a exigência de licitação, mas quanto à transferência nada prevê. Mesmo assim, a sua exigência é necessária, considerando que, se para a subconcessão, que apenas transfere parcialmente para terceiro parte da prestação, com maior razão a exigência quando a transferência é total. Há casos, no entanto, em que a transferência não é possível, sendo a solução a extinção da concessão e a realização de nova licitação. De modo diverso é a disciplina da transferência do controle societário que não exige licitação, mas deve ser aprovada previamente pela Administração no intuito de evitar uma transferência da concessão camuflada.[191] Por ser o concessionário apenas o executor do serviço e nunca o seu titular, apesar de poder efetivar a licitação (desde o recebimento dos invólucros contendo as propostas e a documentação para a habilitação até a adjudicação), não poderá nunca elaborar o edital, pois nele é definida a vontade estatal.[192]

As Leis 8.987/95 e 9.074/95 silenciam no que diz com a dispensa nas concessões de serviços públicos, o que não pode levar à conclusão de que seria aplicável o art. 24 da Lei 8.666, tendo em vista a natureza complexa e o envolvimento de recursos consideráveis, não se justificando a contratação direta, a não ser para os casos de inexigibilidade,[193] facultada nas situações do art. 25 da Lei 8.666/93, previstas de forma exemplificativa, bem como do art. 37 da Lei 9.074/95.

A nulidade de um ato ou de todo o procedimento licitatório merece destaque porque produz a nulidade do contrato que nele se baseia. No Direito Administrativo, a infração normalmente acarreta a nulidade, mas pode ocorrer a anulabilidade quando for possível sanar o problema ou envolver um interesse privado, de interesse exclusivo da parte. Quando a

---

Direitos de Licitar e Contratar. Diferenças. Momento de excluir o concorrente inabilitado. Decisão Reformada.
1. As restrições ao direito de licitar são as legais, dado que a licitação tem o caráter geral, e não limitado, sob pena de a Administração incorrer na ofensa ao princípio da impessoalidade (CF, art. 37).
2. Não se pode excluir *a priori*, antes da abertura das sobrecartas das propostas, nenhum concorrente.
3. A fase da habilitação, ou seja, a fase de abertura das sobrecartas, é o momento em que a Administração tem condições de declarar a idoneidade e a capacidade para licitar de cada um dos concorrentes, com base nos arts. 27 e ss. e 43 da Lei 8.666/93 e no próprio edital. Preliminar rejeitada. Recurso Improvido".

[191] CINTRA DO AMARAL, Antônio Carlos. Op. cit., p. 24 e 25.
[192] BLANCHET, Luiz Alberto. Op. cit., p. 30.
[193] DI PIETRO, Maria Sylvia Zanella. *Parcerias ...* Op. cit., p. 115.

Administração reconhece um ato viciado, providenciará a anulação, mas pode ocorrer que o mesmo também não seja mais conveniente ao interesse público, procedendo, então, à revogação. Pelo Princípio da Economicidade, no entanto, não deve ser anulada contratação que não tiver causado prejuízo ao interesse público,[194] sem deixar de considerar a questão da responsabilidade a que está sujeito o Estado pelos investimentos feitos pelo concessionário para a prestação do serviço, conforme se verá na matéria relativa às formas de extinção.

4.2.2. Temporariedade e garantia de estabilidade para concedente, concessionário e usuário

A característica da temporariedade da concessão implica o estabelecimento de um prazo de duração da referida delegação, ao contrário de outras épocas. Tal exigência é própria desse instituto, que tem por objeto a transferência temporária do serviço público ao particular, de modo que, cumprida a prestação estipulada no contrato, o serviço volta para o Estado. A importância do aspecto temporal se reflete na preocupação do legislador em trazer de forma expressa a sua previsão.

No tocante às situações anteriores à nova legislação, que apresentavam a característica da precariedade, no art. 42, § 2º, da Lei 8.987/95 tais situações são regulamentadas. Na atualidade, no entanto, tendo em vista a exigência da temporariedade, fica garantido o período necessário para o concessionário ter a contraprestação pelo serviço prestado, e não mais subsiste a característica da precariedade, mas a sua ausência não quer dizer que a outorga da concessão não possa ser revertida quando o serviço público não esteja sendo exercido de forma adequada, o que provoca a caducidade da concessão antes da extinção do prazo previsto no contrato, matéria que será analisada oportunamente.[195]

A temporariedade é fator que condiz com a natureza contratual da concessão, tendo em vista a estabilidade que gera para que os altos investimentos envolvidos nesta espécie de delegação possam ser amortizados no tempo necessário para tanto. Neste sentido, beneficia os interesses do Estado preocupado com a prestação dos serviços, do concessionário que visa, com a exploração dos mesmos, a recuperar os investimentos feitos, além da situação do usuário, que como destinatário do serviço, tem direito à prestação de um serviço com as condições de adequação estabelecidas em lei. Assim, deve ser o prazo necessário e suficiente para que o concessionário recupere o seu investimento e para que possa ser assegurada ao

---

[194] JUSTEN FILHO, Marçal. *Comentários ...* Op. cit., p. 458, 463, 513 e 514.
[195] ROCHA, Cármen Lúcia Antunes. Op. cit., p. 63 e 65.

usuário a adequação do serviço. Por beneficiar as três esferas, concedente, concessionário e usuário, a estabilidade decorrente da temporariedade é necessária, pois com alterações constantes na exploração do serviço e do próprio concessionário, não há falar em um funcionamento regular e contínuo.[196]

O prazo para a amortização para a concessão envolvendo a geração de energia elétrica é de trinta e cinco anos, conforme estabelece o art. 4º, § 2º, da Lei 9.074/95. No § 3º da mesma Lei, o prazo máximo fixado para as concessões envolvendo transmissão e distribuição de energia é de trinta anos. Nas três hipóteses, é facultada uma prorrogação do prazo do contrato por no máximo igual período, devendo estar estabelecido no contrato e ser de acordo com as condições nele previstas, a fim de que o contratante tenha assegurado o tempo em face do qual a sua proposta foi formulada.

O prazo da concessão que não se subordinar aos limites legais estabelecidos deve, então, ser suficiente para que o concessionário amortize os investimentos feitos para assegurar a execução adequada do objeto da concessão. Nos contratos relacionais, que apresentam a característica de não estipular previamente todos os aspectos pela existência de limites, o surgimento de possíveis problemas já é esperado, gerando a necessidade de novo planejamento e nova resolução de conflitos emergentes. Esta expectativa de problemas considerada normal, previsível e inevitável, muitas vezes, leva em consideração os aspectos que irão contribuir na sua solução, como procedimentos para reparação de reclamações coletivas.[197] As alterações que se fizerem unilateralmente necessárias garantem ao concessionário o valor relativo a indenização de perdas e danos.

Ao término do contrato, pode ocorrer que os investimentos estão amortizados ou ainda há uma parcela por amortizar. Amortizado o investimento, a regra é a concessão ser considerada extinta, e o serviço voltar para o concedente, ou efetivar nova concessão, mediante licitação. Totalmente amortizados os investimentos, a regra é, em princípio, não prorrogar, mas pode ocorrer que, em face da exigência da continuidade na prestação, seja necessária a prorrogação, com a revisão da tarifa para eliminar a parcela relativa ao investimento já amortizado. Com uma parcela por amortizar, a prorrogação seria possível pelo prazo necessário à amortização da parcela, ou extinguir a concessão mediante pagamento da indenização.[198]

As condições para a prorrogação do contrato constituem cláusula essencial, mas não pode o poder concedente prever hipóteses de prorrogação de

---

[196] JÈZE, Gaston. Op. cit., p. 389.
[197] PORTO MACEDO JR., Ronaldo. Op. cit., p. 208 e 210.
[198] CINTRA DO AMARAL, Antônio Carlos. Op. cit., p. 70.

modo discricionário, sendo necessário considerar os mesmos parâmetros para a determinação do prazo da concessão. Não estando tais parâmetros bem definidos, a previsão de prorrogação é a medida mais coerente, pois havendo uma probabilidade de acontecerem fatos futuros, incertos, previsíveis, e não tiver sido tomada tal medida, o interessado incluirá um sobrepreço na proposta para fins de evitar perdas futuras. Quanto à ocorrência de fatos supervenientes, imprevisíveis e incertos, apesar de não prevista a prorrogação no contrato, a mesma é possível, considerando que a não-realização pode comprometer a prestação adequada do serviço.[199]

Por ser a amortização dos investimentos realizada com os valores provenientes das tarifas, a preocupação não se limita ao valor que o concessionário precisa obter para que recupere o que gastou com a concessão e tenha o lucro que almeja, mas também o tempo maior possibilita que as tarifas não tenham um valor muito elevado, o que beneficia o usuário. Para a garantia inclusive da melhor proposta, deve a possibilidade de prorrogação constar não apenas como cláusula essencial do contrato, mas também no edital, pois a falta de esclarecimento por determinado licitante pode fazer com que a sua tarifa seja maior, em face da perspectiva de prazo de amortização menor. Assim sendo, no interesse do usuário, preferível uma amortização mais lenta, que tem como contrapartida uma carga mais débil.[200]

4.2.3. Onerosidade e remuneração da concessão

A característica da onerosidade deve considerar a especialidade do objeto do contrato, que é a prestação de determinado serviço público para o usuário e a finalidade voltada para o atendimento do interesse público indisponível. O contrato de concessão não é realizado para a execução das prestações em uma direção de recíproco e exclusivo atendimento de interesses combinados entre as partes, mas com a finalidade direcionada para o elemento externo e essencial do contrato que é o usuário. No entanto, a onerosidade está ligada ao fator benefício ou proveito material concretamente obtido mediante as prestações estipuladas no contrato, sendo a patrimonialidade em favor da entidade concedente que caracteriza a onerosidade específica de algumas concessões, por meio da reversão de um benefício material específico para a entidade concedente, conforme a exigência ou não no caso concreto. É a onerosidade legalmente considerada a prestação remuneratória imposta ao concessionário a título de pagamento pelo direito à exploração do serviço concedido.[201]

---

[199] BLANCHET, Luiz Alberto. Op. cit., p. 125 e 126.
[200] JÈZE, Gaton. Op. cit., p. 389.
[201] ROCHA, Cármen Lúcia Antunes. Op. cit., p. 69 e 70.

A existência da onerosidade está diretamente ligada ao aspecto da lucratividade existente na concessão, sendo normal o concedente pagar pela exploração, com a exigência de o edital especificar que o pagamento será mensal, semestral, indexado, fixo, variável ao longo do ano. Esta prestação remuneratória caracteriza a onerosidade da concessão e não se confunde com a condição remuneratória da concessionária, a qual recebe pelo investimento feito por meio do pagamento de tarifas pelos usuários ou outras formas de recursos. A cláusula da remuneração é um dos elementos essenciais do contrato, se efetivando por ela o princípio de que a colaboração do interesse privado na realização do interesse público é prestada livremente, por meio da prestação do serviço nas condições normais do risco financeiro.[202]

A remuneração caracteriza especialmente o contrato de concessão e o diferencia dos outros contratos administrativos, pois a mesma é obtida com a prestação do serviço público, mesmo que não seja sempre o usuário quem paga o valor correspondente ao serviço utilizado. Neste caso não há tarifa, e a remuneração é feita por outro meio, como no serviço de concessões de canais de televisão, no qual os anunciantes pagam por mensagens publicitárias. Também pode ocorrer a existência das fontes alternativas, complementares ou acessórias de receita, que reforçam a idéia de que a remuneração não se dá apenas por pagamento de tarifa. De outro modo, apesar do pagamento de tarifa, nada impede que o poder concedente subsidie parcialmente o concessionário,[203] assumindo tarefas que diminuem os encargos do concessionário.

O valor pago pelo usuário na concessão é o elemento que inova o regime jurídico aplicável, fazendo ingressar o dado da lucratividade, dado esse inconcebível em termos de atividade desempenhada pelo Estado. Desta inovação também decorrem características especiais como a garantia de uma manutenção do equilíbrio econômico-financeiro inicialmente ajustado pelas partes, não devendo ser confundido com o insucesso do particular. O modo como a remuneração é paga ao concessionário pela prestação do serviço pode variar e não ser o usuário direto quem paga, como no caso do serviço de radiodifusão sonora e de sons e imagens, referido anteriormente, salvo no serviço de TV a cabo, não regido este último pela Lei 8.987/95, em que o assinante paga pelo serviço.[204] As outras formas de remuneração serão analisadas posteriormente.

Neste sentido, a questão das tarifas requer um exame mais detalhado, tendo em vista que com a correta estipulação dos valores é possível con-

---

[202] CAETANO, Marcello. Op. cit., p. 529.
[203] BANDEIRA DE MELLO, Celso Antônio. Op. cit., p. 500.
[204] MEDAUER, Odete. Op. cit., p. 229.

ciliar o lucro acima referido, mas especialmente cumprir o princípio da universalização da prestação do serviço público e da igualdade de acesso por todos os interessados.

4.2.4. Exclusividade da concessão

A ausência de exclusividade é regra em termos de concessão de serviços públicos, visando a um estímulo à competição e, conseqüentemente, a uma maior eficiência na prestação dos serviços. Outro aspecto positivo é a harmonia do dispositivo com os direitos do usuário-consumidor, que tem assegurado o direito subjetivo público à livre escolha do prestador do serviço. A este direito se opõe o dever da Administração em garantir a não-exclusividade.

A característica da ausência de exclusividade deve ser entendida na sistemática própria da prestação indireta do serviço público, abrindo espaço para a concorrência entre os prestadores ou potenciais prestadores de serviços públicos, considerando sempre que a sua execução será exercida por aqueles terceiros que atenderem às condições necessárias para o bom desempenho do serviço. A competitividade se manifesta na fase contratual, como elemento que enseja a melhoria da qualidade do serviço, sendo comum nos casos em que a concessão não é outorgada exclusivamente a um concessionário, e na fase licitatória, assegura a igualdade de oportunidade para todos os interessados e favorece a modicidade de tarifas.[205]

A Lei 8.987/95, no art. 16, refere que a ausência de exclusividade apenas deixa de subsistir nos casos de inviabilidade técnica e econômica, pois a regra no Brasil é a não-exclusividade. Os motivos técnicos ficam caracterizados quando é materialmente impossível que a mesma atividade seja desenvolvida por dois sujeitos autônomos e distintos entre si, e os motivos econômicos, quando o desempenho é efetuado por uma pluralidade de sujeitos, acarretando margens de lucros reduzidas e períodos longos para o retorno dos investimentos, podendo até ocorrer a impossibilidade de lucro. No entanto, para o caso de opção pela exclusividade, deve ficar comprovada a inviabilidade técnica ou econômica da atividade, por meio de demonstrações científicas. Uma forma de controle dessa exigência é a possibilidade de impugnação de qualquer interessado, quando da divulgação do ato de justificativa prévio ao edital, previsto no art. 5º da Lei 8.987/95. Nestes casos, uma vez garantida a exclusividade, o particular tem direito à manutenção, e o concedente, o dever de zelar por ela.[206]

---

[205] BLANCHET, Luiz Alberto. Op. cit., p. 157.
[206] JUSTEN FILHO, Marçal. *Concessões* ... Op. cit., p. 190 e 192.

A não-exclusividade incentiva a competitividade e a possibilidade da livre escolha por parte do usuário do serviço que entende ser o mais adequado, e, conseqüentemente, estimula a cooperação do cidadão com o Poder Público para que a sua participação direta no âmbito da prestação do serviço público cada vez mais contribua no aprimoramento da qualidade e acesso a todos os administrados-usuários. Somente a competitividade proporciona o respeito aos direitos dos usuários e a adequação do serviço (art. 175, II e IV, da CF), e a modicidade da tarifas (art. 6, § 1º, da Lei 8.987/95), mas é necessária uma atuação ativa do cidadão no sentido de fazer com que eventuais falhas na prestação ou o próprio abuso econômico cheguem ao conhecimento das autoridades para que estas tomem as medidas necessárias e, assim, não ocorrendo, ainda fica em aberto a possibilidade de recorrer à via judiciária.

O estímulo à competitividade inclusive é encargo do poder concedente, conforme o art. 29, XI, da Lei 8.987/95, sendo a exclusividade uma exceção que só é justificada em caso de a falta de lucratividade comprometer a prestação do serviço de determinada concessão em curso.[207]

4.2.5. Comutatividade e participação

Com a concepção de Estado Democrático de Direito, o interesse público humaniza-se, dando valor não apenas aos bens materiais que a livre iniciativa proporciona, mas preocupando-se também com a dignidade da pessoa humana, por meio da diminuição das desigualdades sociais e acesso de toda a coletividade ao bem-estar social. Com esta idéia, o interesse público não pode ter a sua base apenas no aspecto jurídico, pois reveste-se de um ideal de justiça e passa a confundir-se com a noção de bem comum. Compreende esta nova concepção de Estado Democrático de Direito o aspecto da participação do cidadão (Estado Democrático) e o da justiça material (Estado de Direito).[208]

---

[207] Não basta a alegação em face do interesse econômico apenas, assim dispondo a ementa da Apelação Cível n. 96.04.66365-8/RS, julgada em 16/09/99, de lavra do relator Sérgio Luiz Tejada Garcia: "ADMINISTRATIVO. CONCESSÃO DE LINHA DE TRANSPORTE COLETIVO INTERESTADUAL. PREJUÍZO PARA DETENTORA DE LINHA INTERMUNICIPAL. CARÊNCIA DE AÇÃO.
1. O interesse econômico puro e simples não autoriza o manejo do direito de ação.
2. A autorização, concessão ou permissão para explorar os serviços de transporte rodoviário interestadual e internacional de passageiros, assim como a modificação das linhas já existentes, se insere no âmbito do poder discricionário conferido à Administração Pública.
3. A pessoa jurídica sem interesse no objeto da concessão de serviço público, não detém legitimidade para impugnar judicialmente o ato administrativo concessório, alegando o princípio da moralidade pública".
[208] DI PIETRO, Maria Sylvia Zanella. *Parcerias* ... Op. cit., p. 24.

Com os limites do conceito de Estado Democrático de Direito ampliados também resulta a contratualização cada vez maior da atividade administrativa, assegurando bases concretas para a participação democrática do cidadão no controle da prestação do serviço público, mas que ainda exigem uma maior efetivação. Com o Estado Democrático, apesar da garantia de maior valoração do interesse público, existe uma preocupação acentuada com a máxima preservação possível dos interesses privados, tendo em vista que estes não podem ser sacrificados sem a garantia da presença de normas legais estabelecendo os limites, pois o "interesse público não subsiste fora ou acima do Direito",[209] apenas mantém a sua supremacia frente aos demais interesses.

Os princípios e as normas que compõem o regime dos serviços delegados procuram assegurar a proteção da relação trilateral que se estabelece, por meio do estabelecimento de dois âmbitos distintos, classificados pela doutrina como âmbito externo e âmbito interno, o primeiro compreendendo, de um lado, o relacionamento jurídico entre o concessionário e os usuários dos serviços públicos e, de outro, o relacionamento entre o poder concedente e os usuários, – e o segundo corresponde ao relacionamento entre concessionário e poder concedente.[210] Aqui se verifica a autonomia formal entre a Administração Pública e o concessionário, que são sujeitos de direitos diversos e integram órbitas jurídicas distintas.

No âmbito externo, o concessionário atua em nome próprio, porém no interesse público. Perante terceiros, é mantido o regime jurídico, e ao concessionário são impostos os mesmos limites que se impõem à Administração Pública. No que se refere ao usuário, este se relaciona com o concessionário como se este fosse o próprio Estado. Esta possibilidade é assegurada com o instituto da concessão caracterizado pela conjugação de princípios e regimes jurídicos de direito público e privado, pois a relação entre a empresa privada e a Administração concedente se rege inteiramente pelo direito público, tendo em vista que a concessão é um contrato tipicamente administrativo,[211] conforme visto em capítulo próprio, para assegurar a manutenção das características próprias do serviço público, no intuito de realizar o interesse público que é transcendente ao interesse econômico do concessionário.[212]

Mas o particular executa os serviços de acordo os postulados de direito privado, os quais se fazem presentes a partir do ponto básico que integra as delegações, qual seja, o concessionário assumir, por conta e

---

[209] JUSTEN FILHO, Marçal. *Concessões* ... Op. cit., p. 35.
[210] Idem, p. 67 e 68.
[211] DI PIETRO, Maria Sylvia Zanella. *Parcerias* ... Op. cit., p. 74.
[212] JUSTEN FILHO, Marçal. *Comentários* ... Op. cit., p. 68 e 69.

risco próprios, a prestação de serviços públicos, para fins de atingir o seu objetivo, que é a obtenção do lucro conforme disposto contratualmente.[213] Essas atividades realizadas pelo concessionário no âmbito externo, enquanto prestador de serviços, são tratadas de forma diferenciada, pois são relações jurídicas que não têm como objeto a concessão, sendo regidas pelo direito privado, sem se sujeitar ao regime da concessão, tais como os investimentos feitos às custas de seu patrimônio para as atividades necessárias à obtenção do lucro almejado. Assim, dentre os atos do concessionário que estão fora do âmbito dos serviços públicos estão incluídas a organização e estrutura da empresa, o regime de trabalho dos empregados, aquisição de insumos, edificação de obras. Estes atos e atividades apresentam apenas um cunho instrumental para o efetivo cumprimento da concessão, mas não integram o seu objeto e por isso não se subordinam ao regime jurídico de direito público.

Por meio da associação entre particular e ente coletivo, próprio da concessão, a pretensão que a Administração possui de realizar o interesse público está diretamente ligada ao interesse do particular, sendo que o aumento dos encargos do particular, em face das alterações para a satisfação das necessidades coletivas, resulta na necessária remuneração ou indenização eqüitativa do contratante privado, para garantir o interesse privado do ajuste, pois as prerrogativas que a Administração mantém não representam uma minimização ou supressão dos interesses patrimoniais do contratante privado.[214] No entanto, a proteção do interesse privado significa um resguardo do objetivo de lucro buscado pelo contratante privado, assegurando-lhe os meios de, em condições normais de atuação negocial, correr o risco de perder ou de ganhar, mas não quer dizer certeza de lucro.[215]

Apesar da preservação do interesse privado, o mesmo não pode ser obtido às custas do sacrifício do interesse público e toda a interpretação do contrato deve seguir esta tendência, sem deixar de considerar que os dois interesses são interdependentes, em face de um ser a causa do outro. A referida interdependência dos interesses faz com que a nenhuma das partes seja permitido obter da outra vantagem sem lhe dar a compensação devida, nos termos do estipulado. Por isso a Administração deve suportar as conseqüências que não tenham sido postas a cargo do particular na busca da realização do interesse público, de modo que o interesse privado empenhado no contrato não sofra sacrifícios além do disposto com justiça

---

[213] JUSTEN FILHO, Marçal. *Concessões* ... Op. cit., p. 144.
[214] BANDEIRA DE MELLO, Celso Antônio. Op. cit., p. 447.
[215] CAETANO, Marcello. Op. cit., p. 530, 531 e 552.

nas cláusulas estipuladas, conferindo ampla proteção ao contratante privado, conforme será analisado adiante.[216]

O jurista Juarez Freitas refere que a afirmação que considera somente a possibilidade de alcançar o interesse público em detrimento do particular é tão falsa quanto aquela que somente considera a primazia do interesse privado.[217] Desta forma, a prioridade do interesse público sobre o particular só ocorre quando tiver sido fixado de modo expresso ou implícito, considerando, para tanto, além da legalidade, a legitimidade, o que afasta alegações vagas e imprecisas, devendo a fundamentação compreender todo o "bloco da legalidade", o qual integra a moralidade, a boa-fé, a igualdade, a boa administração, a razoabilidade e a proporcionalidade.[218]

Enquanto a Administração mantém as prerrogativas, o contratado é compensado com a manutenção do equilíbrio contratual, apesar das alterações pelo Poder Público no exercício de tais prerrogativas, sendo as mesmas responsáveis, em grande parte, pela caracterização do contrato público e a sua natureza peculiar. A possibilidade de instabilização do contrato pelo Estado, ou *ius variandi*, não consiste numa prerrogativa contratual propriamente dita, mas num poder geral da Administração exterior ao contrato, que incide sobre ele e que não pode ser objeto de negociação, tendo em vista que a gestão do serviço precisa ter à disposição uma margem de liberdade para adaptar-se às condições exigidas.[219] O poder geral de alteração do regime jurídico é decorrência do princípio da supremacia do interesse público, presente para assegurar que a Administração cumpra a sua finalidade.

A concessionária também dispõe de prerrogativas, pois como prestadora de um serviço público e responsável pela sua continuidade, parcela do patrimônio da concessionária fica vinculada, resultando também para o patrimônio do concessionário um regime de natureza híbrida. Algumas prerrogativas podem ser exercidas pelo concessionário, sendo previstas na Lei 8.987/95, que possibilitam a promoção de desapropriações e constituição de servidões autorizadas pelo concedente (art. 31, VI), exercício do poder de polícia em relação aos bens vinculados à prestação do serviço (art. 31, VII), utilização dos recursos necessários à prestação do serviço (art. 31, VIII), realização de subconcessão.[220] Os bens afetados à prestação do serviço, por serem indispensáveis a sua continuidade, podem ser considerados *extra commercium*, passando a integrar a categoria das coisas

---

[216] CAETANO, Marcello. Op. cit., p. 552, 553 e 560.
[217] FREITAS, Juarez. *Estudos* ... Op. cit., p. 177.
[218] SUNFELD, Carlos Ari. Op. cit., p. 31 e 32.
[219] ENTERRÍA, Eduardo Garcia de; FERNANDEZ, Tomás-Ramón. Op. cit., p. 653.
[220] DI PIETRO, Maria Sylvia Zanella. *Parcerias* ... Op. cit., p. 75.

inalienáveis, imprescritíveis, impenhoráveis como os bens públicos que pertencem às pessoas jurídicas de direito público. De outro modo, como empresa privada que é, possui bens que podem ser objeto de qualquer relação jurídica regida pelo direito privado, como alienação, locação, permuta, penhora, usucapião, dentre outros.[221] Quanto aos bens utilizados para a prestação do serviço, outras considerações serão feitas com a análise do instituto da reversão.

4.2.5.1. Poderes e encargos que decorrem da comutatividade

A idéia de busca de equilíbrio nas delegações está sempre na eficaz prestação dos serviços de interesse geral, seja para assegurá-lo quando se encontrou, seja para reconstituí-lo quando se perdeu, sempre buscando respeitar as igualmente respeitáveis situações jurídicas dos cidadãos,[222] razão pela qual não apenas às partes contratantes são conferidos direitos e deveres, mas também aos cidadãos, procurando conciliar interesses envolvidos.

Pelo atributo da comutatividade também são afirmados direitos, deveres e garantias do concedente, concessionário e usuários, não se limitando os deveres do prestador dos serviços à duração do contrato, pois a sua responsabilidade persiste enquanto não exauridos os deveres para com o usuário.[223] No Direito Administrativo, o momento prévio à vinculação contratual já obriga, tendo em vista que a proposta obriga o proponente, não podendo este retirá-la após a fase de habilitação, ficando assegurado o prazo de até 60 dias da entrega das propostas para a Administração convocar os interessados para a contratação.[224]

Mas antes de existirem sequer as propostas, o momento prévio que consiste na autorização legislativa representa a importância de a coletividade estar de acordo com um regime de remuneração, tendo em vista que seus encargos restam ampliados com o pagamento da tarifa. Desta forma, o usuário, como destinatário do serviço, tem a sua participação para que a comutatividade fique assegurada, e não seja obrigado a responder por valores tarifários que extrapolem os limites necessários para a manutenção do equilíbrio contratual. Seus direitos e deveres estão elencados no art. 7º da Lei 8.987/95 e na Lei 8.078/90, tendo assegurados os direitos de receber serviço público adequado, eficaz, de informar-se e ser informado das

---

[221] DI PIETRO, Maria Sylvia Zanella. *Parcerias* ... Op. cit., p. 74.
[222] ENTERRÍA, Eduardo Garcia de; FERNANDEZ, Tomás-Ramón. Op. cit, p. 55.
[223] FREITAS, Juarez. *O Controle* ... Op. cit., p. 155.
[224] JUSTEN FILHO, Marçal. *Comentários* ... Op. cit., p. 523 e 525.

condições a ele relacionadas, além de participar de sua administração, tanto pela fiscalização quanto pelo opinamento sobre a sua prestação.

Em decorrência da concessão de serviços públicos como contrato administrativo, a supremacia do interesse público assegura ao poder concedente a presunção de legitimidade de seus atos, o amplo controle e fiscalização do contrato, as prerrogativas de instabilização da relação contratual, os poderes de encampação, intervenção, uso compulsório de recursos humanos e materiais da empresa concessionária, poder de direção e controle sobre a execução do serviço, poder de aplicar sanções e decretar a caducidade, nos termos do art. 29 da Lei 8.987/95. Na realidade, são deveres-poderes que decorrem da indisponibilidade do interesse público, pois se o serviço é inadequado e inexiste perspectiva de uma readequação pelo concessionário, o poder concedente tem o dever de intervir para tomar a medida necessária em face da titularidade que mantém, sob pena de ser responsabilizado pela sua omissão.

Os poderes do concedente não necessariamente precisam estar dispostos no contrato, pois são inerentes ao regime da concessão, salvo o poder de aplicar penalidades contratuais e regulamentares (art. 29, II, da Lei 8.987/95), cujas sanções devem ser do conhecimento do proponente, podendo estas ser estabelecidas em regulamento anterior à concessão, ou no edital de licitação ou seus anexos. Neste sentido, assim como o poder concedente tem limites impostos pelo regime para que a esfera do particular seja assegurada, também a atuação do particular tem limites impostos em face da supremacia do interesse público, como a incompatibilidade de o contratante invocar, a exceção do contrato não cumprido.[225]

As formas de controle previstas na Lei 8.987/95 consistem na fiscalização pelo poder concedente (art. 3º); na fiscalização permanente da prestação do serviço (art. 29, I); poder de cumprir e fazer cumprir as disposições regulamentares do serviço e as cláusulas contratuais e zelar pela boa qualidade do serviço (art. 29, V e VII); acesso aos dados relativos à administração, contabilidade, recursos técnicos, econômicos e financeiros da concessionária (art. 30); direito de acesso, em qualquer hora, às obras, aos equipamentos e às instalações do serviço, bem como os seus registros contábeis (art. 31, V). No entanto, o exercício do poder-dever de controle e direção deve ser exercido dentro dos limites do razoável, tendo em vista que a Administração apenas fiscaliza, e não administra a execução do serviço, que é exercido por conta e risco do concessionário.[226]

---

[225] BANDEIRA DE MELLO, Celso Antônio. Op. cit., p. 442 e 523.
[226] DI PIETRO, Maria Sylvia Zanella. *Parcerias* ... Op. cit., p. 78 e 80.

O dever de regulamentar o serviço concedido abrange as cláusulas regulamentares e as cláusulas contratuais, devendo o Estado, além de estatuí-las, fazer com que sejam cumpridas e submeter-se a elas.

A tendência dos contratos relacionais é justamente a transposição do princípio da cooperação para o centro da relação, fazendo com que se imponha às partes um agir com lealdade para a consecução da finalidade, tendo em vista a existência de aspectos que durante a execução do contrato podem mudar, como o elemento preço, quantidade, prazo de entrega, pois deixaram de ser disponíveis previamente. Com a tendência para uma maior utilização dos elementos da solidariedade, reciprocidade e cooperação, capazes de criar uma moral coletiva interna à relação contratual, o concedente conta com a participação da sociedade no controle dos fornecedores dos serviços, podendo a sua ausência representar uma severa limitação ao equilíbrio contratual, conforme se verá no item específico.[227]

O dever-poder de fiscalização visa a garantir ao concedente informações sobre a prestação do serviço, procurando verificar se o mesmo está sendo exercido de modo desejável e de acordo com as obrigações assumidas, para fins de assegurar a continuidade e a eficiência da prestação do serviço, sem impedir o normal desempenho do concessionário. Desta forma, especialmente a fiscalização é o meio de controlar o cumprimento do contrato, em face da execução indireta própria do serviço delegado, para fins de adequar o serviço às necessidades impostas no art. 175, parágrafo único, inciso IV, da CF/88.

Por isso a fiscalização deve ser institucionalizada, por meio da submissão de sua atuação a procedimentos predeterminados, em que ficam fixados os poderes de cada parte, o conteúdo dos atos que serão praticados, dentre outros. Mesmo para o acesso do poder concedente às instalações do concessionário e ao local da prestação dos serviços, devem restar definidas as condições para a fiscalização. Mas a previsão das condições de fiscalização no ato convocatório não importa em imutabilidade, pois são cláusulas submetidas ao poder unilateral do Estado, o que pode resultar em alteração da cláusula econômico-financeira do contrato e a conseqüente recomposição do equilíbrio contratual.[228] A importância da fiscalização se revela com a exigência de cláusula específica no contrato pela Lei 8.987/95, no art. 23, inciso VII.

Além da fiscalização permanente do poder concedente, o legislador busca integrar expressamente um controle periódico que, juntamente com o controle do concedente e do concessionário, inclui também os usuários, conforme dispõe a Lei 8.987 95, no art. 30, parágrafo único. Com a

---

[227] PORTO MACEDO JR., Ronaldo. Op. cit., p. 189 e 202.
[228] JUSTEN FILHO, Marçal. *Concessões ...* Op. cit., p. 261.

fiscalização, o concedente verifica a observância das disposições regulamentares e contratuais, e para que consiga levar a termo esta função, conta com o auxílio dos usuários dos serviços, prevista no art. 3º da Lei 8.987/95. No entanto, a fiscalização do concedente deve ser permanente, nos termos do art. 29, I, não podendo limitar-se a apurar as falhas e irregularidades constatadas com as reclamações dos usuários. Ainda a respeito da fiscalização, no art. 30 são enumerados exemplificativamente os aspectos que são abrangidos por ela, compreendendo a administração, contabilidade, recursos técnicos, econômicos e financeiros. Também no art. 31, V, relativo aos encargos da concessionária, menciona os equipamentos e instalações, que são abrangidos pela categoria de recursos técnicos, assim como os registros contábeis integram a contabilidade do concessionário. Este artigo também faz referência às obras que não se inserem em nenhum dos aspectos arrolados no art. 31. Assim também o art. 23, inciso VII, refere os métodos e práticas de execução, devendo a fiscalização ser exercitada sempre que necessária para a adequação do serviço.

A possibilidade de alteração unilateral do contrato de concessão de serviços públicos, nos limites do regime, incide nas cláusulas regulamentares com a característica da mutabilidade, como garantia do concedente para efetuar modificações no funcionamento do serviço, as quais compreendem sua organização, funcionamento e tarifas. As modificações, no entanto, não são ilimitadas, devendo respeitar o objeto da concessão. Em contrapartida, deve o concedente restabelecer o equilíbrio econômico-financeiro, de acordo com o previsto no art. 9º, § 4º, da Lei 8.987/95, conforme se verá adiante.[229]

Dispõe o art. 65 da Lei 8.666/93 a extensão e os limites da alteração contratual unilateral, sendo possíveis modificações para melhor adequação técnica aos objetivos, e a modificação do valor contratual em decorrência de acréscimo ou diminuição quantitativa do seu objeto, não podendo os acréscimos ou supressões exceder de 25% do valor inicial do contrato. A alteração bilateral é possível para estabelecer modificação no regime de execução ou modo de fornecimento para melhor adequação técnica, modificação de forma de pagamento, por imposições de circunstâncias supervenientes, mantido o valor inicial, para substituir a garantia de execução ou para restabelecer o equilíbrio econômico-financeiro inicial afetado por fatos imprevisíveis ou previsíveis, mas de conseqüências incalculáveis, ou, ainda, no caso de força maior, caso fortuito ou fato do príncipe. Por mútuo acordo são admissíveis supressões nos serviços excedentes no limite de 25%, mas não acréscimos.

---

[229] BANDEIRA DE MELLO, Celso Antônio. Op. cit., p. 521.

Para assegurar a continuidade do serviço e a sua adequação, o concedente tem o poder de intervenção, a qual pode resultar na decretação da extinção da concessão. Ao concedente cabe o encargo de extinguir, trazendo o art. 29, IV, da Lei 8.987/95 as diferentes espécies que serão analisadas oportunamente.

O poder do concedente em aplicar sanções ao concessionário, ao contrário dos demais poderes, tem a sua existência atrelada ao prévio estabelecimento das medidas aplicáveis, conforme anteriormente referido. No que se refere às penalidades regulamentares e contratuais (art. 29, II, da Lei 8.987/95), as mesmas devem ser estabelecidas em regulamento anterior à concessão ou no edital, para fins de dar conhecimento aos interessados das sanções que poderão ser impostas, pois o contrato não pode inovar na matéria.[230] O art. 38 da Lei 8.987/95 possibilita a declaração de caducidade ou aplicação de sanções, sem indicar as penalidades cabíveis. Pelo princípio da legalidade, não é possível instituir penalidade não prevista em lei, quer no edital de concorrência, quer no contrato, quer nos atos do Poder Executivo. Por não haver previsão na lei que disciplina o serviço a ser concedido, de forma subsidiária incide a Lei 8.666/95 (arts. 87 e 88), em tudo o que não contrariar a legislação específica.[231]

O poder concedente tem a tarefa de incentivar o controle social por meio da criação de associações de usuários, o que facilita o trabalho do concedente em termos de verificação das reclamações.

Ao poder concedente cabe a tarefa de proceder à homologação do reajuste das tarifas, conforme estipulado no contrato, bem como proceder à revisão das tarifas, sendo que esta última não tem parâmetros previamente estabelecidos. Os encargos no tocante ao reajuste e às revisões tornam-se obrigatórios quando encontram respaldo na legislação, nos atos normativos e nos contratos de concessão. Também ao concedente incumbe a tarefa de incentivar a competitividade, tanto na execução do contrato como fora dele, para fins de aprimorar a qualidade e a produtividade do serviço.[232]

Dentre os poderes e encargos atribuídos à Administração contratante, importa antes de mais nada a realização do fim último do contrato, que é a boa prestação do serviço público para a satisfação do interesse geral.[233]

Os encargos do concessionário são relacionados com a prestação adequada do serviço, com a obrigação de cumprir as disposições normativas e contratuais. Para esta prestação adequada, no caso concreto, devem

---

[230] BANDEIRA DE MELLO, Celso Antônio. Idem, p. 523.
[231] DI PIETRO, Maria Sylvia Zanella. *Parcerias* ... Op. cit., p. 81.
[232] BLANCHET, Luiz Alberto. Op. cit., p. 155 e 156.
[233] ENTERRÍA, Eduardo Garcia de; FERNANDEZ, Tomás-Ramón. Op. cit., p. 647.

ser observadas as normas técnicas aplicáveis à atividade e aos recursos necessários à realização dos objetivos da concessão.

O concessionário, para a garantia da continuidade do serviço, deve assegurar as condições para a prestação do serviço, além de buscar adequar os métodos utilizados à modernidade dos equipamentos no intuito de assegurar a atualidade do serviço, um dos pressupostos da adequação.

Também o concessionário deve colaborar com o controle da atividade, por meio da manutenção de um inventário atualizado dos bens que estão vinculados à concessão, o qual possibilita comparar as condições dos bens utilizados na prestação com aquelas previstas no inventário. O registro refere-se aos registros contábeis que também são objeto de análise e comparação com o inventário na fiscalização do serviço.[234]

Do mesmo modo deve contribuir com o concedente e o usuário na fiscalização, para fins de que estes últimos tenham acesso aos locais, bens e dados relativos ao serviço, além da obrigação de prestar contas da gestão do serviço nos termos do contrato.

As obrigações relacionadas com o controle social, além da fiscalização e da prestação de contas, abrangem também a expedição de certidões a qualquer pessoa interessada, a publicação das demonstrações financeiras, o recebimento, apuração e solução de queixas e reclamações, e a própria prestação adequada do serviço, não sendo taxativo o rol de obrigações citadas e previstas no art. 31.

Os direitos do concessionário estão vinculados à manutenção do equilíbrio econômico-financeiro, e ao direito à observância dos limites legais concernentes aos poderes do concedente ou na forma como são representados, a exemplo das sanções, intervenções, dentre outros,[235] poderes esses exercidos por este último em face da titularidade do serviço mantida, e com ela o poder de polícia necessário.[236]

Além das possibilidades de atuação do usuário em colaboração com o poder concedente e da atuação direta do usuário com o concessionário, que deve contribuir com o controle social, cabe referir os principais aspectos que caracterizam a terceira forma desse controle, a qual independe da atuação das partes (concedente e concessionário), sendo realizada por pessoa jurídica de direito público, sob a denominação de agência reguladora.

A regulação pelas agências reguladoras pode abranger serviços executados de forma direta, serviços outorgados a entes da administração

---

[234] BLANCHET, Luiz Alberto. Op. cit., p. 161.
[235] BANDEIRA DE MELLO, Celso Antônio. Op. cit., p. 524.
[236] ENTERRÍA, Eduardo Garcia de; FERNANDEZ, Tomás-Ramón. Op. cit., p. 50.

indireta ou para serviços objeto de delegação por concessão, permissão ou autorização, mas esta atividade é independente da execução dos serviços. Em termos de controle social, nas delegações de serviços públicos representam uma forma pela qual o cidadão pode participar e contribuir com a melhoria dos serviços de um modo geral, por meio da correção das causas que deram origem ao problema apresentado pelo usuário, fazendo com que as informações do usuário integrem um conjunto de dados que orientam a atividade regulatória no cumprimento das suas tarefas.[237]

As atividades de regulação compreendem a manutenção de sistemas de informações e de ouvidoria; realização de pesquisas de opinião; auditorias técnicas, econômicas e financeiras; estabelecimento de indicadores de qualidade e modelos e metodologias tarifários. Essas atividades compreendem tarefas de fiscalização, controle, padronização e normatização do setor objeto da regulamentação,[238] procurando conciliar a qualidade dos serviços e o equilíbrio econômico-financeiro do contrato, por isso deve ser garantida a imparcialidade desvinculada de toda e qualquer espécie de ameaça, especialmente aquela que decorre de razões políticas, conforme recente submissão da Lei 10.931/97, deste Estado, à apreciação por Ação Direta de Inconstitucionalidade, em face da exigência da aprovação dos nomes dos conselheiros pela Assembléia Legislativa do Estado.[239]

Todas as formas de controle têm o seu êxito ligado à eficiência das medidas utilizadas, devendo o controle ser entendido sempre como uma atividade acessória à execução em si, sob pena de impossibilitar o exercício da atividade contratada. As medidas de controle não podem ser tão simplórias que resultem improdutivas, mas também não embaraçosas a ponto de prejudicar ou impedir a atividade controlada.[240]

4.3. Modificação do contrato e a preservação da sua essência

Por ser o regime jurídico instrumento da coletividade para o atendimento das suas necessidades, o mesmo deve estar em constante adaptação para acompanhar as alterações do interesse público. Nesta perspectiva, a

---

[237] CHAVES, Pedro. Ouvidoria Pública é o Usuário Participando da Regulação. *Revista da AGERGS*, Porto Alegre: n. 1, p. 77-80, 1º sem./1999.
[238] VILLELA, Guilherme Socias. Marco Regulatório – Introdução. *Revista da AGERGS*, Porto Alegre: n. 1, p. 6-7, 1º sem./1999.
[239] Ação Direta de Inconstitucionalidade N. 1.949-0, originária do Estado do Rio Grande do Sul, tendo por relator o Ministro Sepúlveda Pertence, publicada no Diário da Justiça em 03/12/99.
[240] PONDÉ, Lafayette. *Estudos de Direito Administrativo*. Belo Horizonte: Del Rey, 1995, p. 209.

mutabilidade unilateral atinge apenas as normas de caráter regulamentar, e não as negociais ou contratuais,[241] e esta mutabilidade deve ser entendida no sentido da existência do instituto contratual na variedade das suas formas históricas e das suas concretas transformações, sem existir, contudo, uma "essência" histórica do contrato.[242]

Com esta realidade, o reconhecimento da natureza contratual à concessão de serviços públicos assegura a garantia do equilíbrio nos termos estipulados, apesar de o contrato integrar as disposições que são passíveis de alteração conforme o interesse público exigir. Seria contratual a parte econômica para a qual ambas as partes participam e pela qual é possível estabelecer um parâmetro para verificar se a comutatividade está sendo assegurada no caso concreto. Mas as condições contratuais estabelecidas para reger a concessão de serviços públicos apresentam uma complexidade que vai além do consignado no instrumento, como a obrigatoriedade da preservação do equilíbrio, que apesar de não registrada formalmente, não deixa de ser uma condição do contrato, na sua acepção jurídica. Neste sentido, a equação econômico-financeira é passível de alteração, mesmo atendidas as condições contratuais, como ocorre na situação prevista no art. 9º, § 3º, da Lei 8.987/95, que trata da revisão em face de mudanças na esfera dos tributos.[243]

A mutabilidade atinge o conteúdo do contrato em vista da preocupação em assegurar o fim buscado, que certamente se sobressai ao conteúdo do contrato em si, mas essa circunstância não significa que a essência do contrato não esteja sendo mantida por meio da proteção patrimonial do contratante, manifestada na manutenção da equivalência das prestações.[244] Assim, a continuidade da equação financeira da concessão depende do aspecto da mutabilidade que o regime jurídico apresenta, pois da forma que permite a alteração por ato unilateral das obrigações de fazer também possibilita que o contrato se mantenha por meio da preservação de equivalência dos ônus e benefícios estabelecidos para equilibrar a referida equação. Esta é a posição da jurisprudência do Conselho de Estado da França, e também ficou consolidada no Brasil.[245] Da mesma forma que o concessionário, também o usuário está sujeito à mutabilidade do contrato administrativo estabelecido entre ele e a concessionária, devendo restar

---

[241] BLANCHET, Luiz Alberto. Op. cit., p. 57.
[242] ROPPO, Enzo. Op. cit., p. 348.
[243] BLANCHET, Luiz Alberto. Op. cit., p. 68 e 69.
[244] ENTERRÍA, Eduardo Garcia de; FERNANDEZ, Tomás-Ramón. Op. cit., p. 653.
[245] TÁCITO, Caio, A Nova Lei de Concessões de Serviço Público. *Revista de Direito Administrativo*, Rio de Janeiro: n. 201, p. 29-34, jul./set. 1995.

comprovada a desvalorização patrimonial do particular ou os danos, para que seja cabível a indenização.[246]

As mudanças unilaterais por parte da Administração são possíveis dentro dos limites que o próprio regime jurídico estabelecer, devendo considerar sempre a justa e honesta equação entre as imposições do serviço, de uma parte, e as vantagens obtidas pela sua prestação adequada de outra, obrigando o restabelecimento do equilíbrio inicial rompido, por meio da alteração dos benefícios devidos à concessionária, previstos nas cláusulas econômicas.[247] As cláusulas regulamentares são inerentes ao próprio objeto da concessão de serviços públicos, com destaque para a operacionalização e prestação adequada, ao passo que as cláusulas contratuais têm natureza econômica, abrangendo valores contratuais, fórmulas de reajuste, condições de pagamento, dentre outros.A modificação unilateral do objeto do contrato e a promoção de sua extinção por interesse público é um dos poderes exorbitantes reconhecidos ao poder concedente, com a possibilidade de alterações quantitativas e qualitativas para adequar aspectos como qualidade, regularidade dos serviços e modicidade das tarifas, sendo regulados pela prevalência do interesse público sobre o interesse privado, ficando este último resguardado pela norma civil que assegura os direitos subjetivos e o equilíbrio econômico-financeiro dos contratos.[248] Essa possibilidade de modificação ou mutabilidade decorre da alteração das cláusulas regulamentares, sendo capaz de resultar na rescisão do contrato antes do prazo estipulado por motivo de interesse público, pois esse interesse não é estável e exige eventuais alterações do contrato para ampliar ou reduzir o seu objeto ou incorporar novas técnicas de execução,[249] mas pode decorrer também de outras circunstâncias, conforme se verá oportunamente.

Desta forma, a variação das condições do contrato ou a criação das novas condições por atos do Poder Público deve respeitar a determinação do objeto contratado, além de deixar assegurada a remuneração do inte-

---

[246] Mandado de Segurança n. 95.04.55864-0, TRF/RS, decisão em 15/12/98, de lavra do relator Dirceu de Almeida Soares, tendo por objeto o pedido de indenização para o particular, apresenta a seguinte ementa: "Mandado de Segurança. Administrativo. Prefixo Telefônico. Alteração Unilateral. Possibilidade. Desvalorização Patrimonial. Indenização. Necessidade de Dilação Probatória.
A empresa concessionária de serviço público de telefonia, ante a natureza administrativa dos contratos celebrados com os particulares, pode alterar unilateralmente o sistema utilizado no serviço prestado, a bem do serviço público, ressalvado o dever de indenizar, quando for o caso.
A desvalorização do patrimonial do particular e a sua conseqüente indenização, decorrente da alteração do prefixo telefônico, dependem de dilação probatória para comprovação do dano, sua extensão e nexo causal. Destarte, incabível a via do mandado de segurança. Ação improvida."
[247] ROCHA, Cármen Lúcia Antunes. Op. cit., p. 74.
[248] ABREU, Odilon R. Concessões Rodoviárias e Pedágios. *Revista da AGERGS*, Porto Alegre: n. 1, p. 68-71, 1º sem./1999.
[249] DI PIETRO, Maria Sylvia Zanella. *Direito ...* Op. cit., p. 228.

resse privado nas condições inicialmente estipuladas. Se por imposição do interesse público a execução se tornar mais onerosa ou não realizável pela alteração do objeto, a cláusula de remuneração deve ser revista ou permitir a rescisão contratual. A preservação do objeto representa a própria preservação do contrato, pois é o objeto que o individualiza, ficando o poder de modificação do referido objeto ou *ius variandi*, submetido em seu exercício a limites concretos e determinados, de ordem formal e quantitativa.[250]

Na espécie contratual em análise, a essência do contrato é preservada quando as modificações são efetuadas observando o aspecto fundamental de que as mesmas apresentam a característica de acessórias ou derivadas do objeto licitado,[251] sob pena de resultar na frustração dos princípios da obrigatoriedade da licitação e da isonomia. Os limites à alteração unilateral encontram fundamento no próprio interesse público, tendo em vista que deve haver sempre a busca de uma melhor adequação às finalidades por ele definidas, além do limite fundado no equilíbrio econômico-financeiro, tendo em vista que neste equilíbrio o concessionário ou permissionário encontrará a segurança necessária para poder efetuar investimentos que implicam uma aplicação considerável de recursos.

Além do mais, toda e qualquer modificação deve ter por base razões concretas que demonstrem a sua necessidade em face do interesse público, e não apenas a invocação infundada do interesse público, a qual não legitima a Administração de afastar-se do pactuado. O *ius variandi* apresenta limites, o que não significa que a Administração encontre barreiras para alterar um contrato, pois o poder de alterar o objeto e conteúdo do contrato acaba sendo ilimitado na sua extensão e intensidade, diante das exigências impostas pelo interesse público, mas a aceitação pelo contratante dessas alterações é obrigatória apenas dentro das margens legalmente definidas. Com tais limites, o contratante privado tem a garantia de não precisar sujeitar-se indiscriminadamente às exigências impostas pelo interesse público e às necessidades gerais sujeitas a constantes variações.[252]

Outro aspecto a ser analisado é o de que a modificação unilateral é válida se fundada em motivo apurado supervenientemente à licitação, podendo tal motivo ocorrer antes da contratação, mas não é admissível que o Estado invoque suas prerrogativas após a licitação para impor modificação unilateral que já pretendia antes do ato convocatório, tendo em vista que a liberdade para impor alterações não pode ser fundada na competência discricionária, o que exige que o motivo de fato ou de direito superve-

---

[250] ENTERRÍA, Eduardo Garcia de; FERNANDEZ, Tomás-Ramón. Op. cit., p. 649 e 650.
[251] JUSTEN FILHO, Marçal. *Comentários ...* Op. cit., p. 254 e 255.
[252] ENTERRÍA, Eduardo Garcia de; FERNANDEZ, Tomás-Ramón. Op. cit. p. 649 e 650.

niente referido seja justificado, para que a alteração contratual seja legítima. A discricionariedade encontra limites porque o contrato deve ser compatível com o ato convocatório e a proposta vencedora.

Eventuais alterações, desde logo previstas, podem ou não ser impostas pela Administração, e o particular fica na condição de assumir futuras modificações, desde que o edital disponha sobre a possibilidade, sob pena de ser questionável a sua exigência. O que é admissível e contribui para uma efetiva participação democrática é o instrumento de convocação da licitação e o contrato de concessão prever regras para a modificação unilateral, assegurando ao concessionário e à comunidade oportunidade de manifestação.[253]

Futuras alterações no objeto do contrato, previstas no art. 23, V, devem ter a sua análise remetida para o disposto no art. 18, VII, pela relação com as regras do edital e o conteúdo da proposta selecionada. Por isso, apesar de as cláusulas exorbitantes serem inerentes à concessão, é possível o contrato disciplinar sobre o procedimento para o exercício dos poderes exorbitantes, podendo ser estabelecidos prazos ou formalidades a serem cumpridas pelas partes no tocante às modificações unilaterais.[254]

O contratante terá direito a exigir a exata equação, consagrada na proposta aceita pela Administração, e a ocorrência de prejuízo em face das modificações realizadas não isenta a Administração de pagar por perdas e danos sofridos.[255] Desta forma, para manter esta igualdade da equação, incide o critério da proporcionalidade, tendo em vista que o aumento dos encargos traz o conseqüente restabelecimento da equação econômica,[256] devendo a compensação econômica, resultante de modificações diretas no objeto contratual, ser integral, incluindo além dos danos emergentes o lucro cessante, na medida dos prejuízos provados.[257] Além das modificações diretas no objeto, outras podem incidir de forma incidental, repercutindo sobre ele de forma indireta, conforme será analisado por ocasião da verificação das espécies de áleas.

Para o restabelecimento, o edital e o contrato[258] estabelecem as condutas e as etapas necessárias para o reajuste e a revisão. O reajuste envolve

---

[253] JUSTEN FILHO, Marçal. *Concessões* ... Op. cit., p. 257 e 258.
[254] Idem, p. 253 e 254.
[255] Idem, p. 536 e 537.
[256] BANDEIRA DE MELLO, Celso Antônio. Op. cit., p. 528.
[257] ENTERRÍA, Eduardo Garcia de; FERNANDEZ, Tomás-Ramón. Op. cit., p. 655.
[258] Sobre as exigências que devem constar no edital, assim dispõe a ementa da remessa *ex officio* n. 95.04.36528-0/PR, julgado em 17/08/99, de lavra do juiz Paulo Afonso Brum Vaz: "Remessa oficial. Administrativo. Licitação. Edital Concorrência. Permissão. Cláusula dispondo sobre o preço dos serviços, critérios e procedimentos para o reajuste e revisão das tarifas.
O edital, assim como o futuro contrato, em licitação pela modalidade de concorrência para o trespasse de serviço público a particular, deve conter cláusula dispondo expressamente sobre os preços dos

alteração meramente nominal de valores, para fins de compensar os efeitos inflacionários que decorrem de alterações no custo de produção e variação dos preços dos insumos, com a especial característica de ser específico para cada contrato pela possibilidade de utilização de insumos diferentes em cada caso.[259] Desta forma, o reajuste é um procedimento automático e periódico, que tem fundamento na variação previsível dos preços e insumos, cuja fórmula deve constar no contrato.

A revisão, embora possa derivar das oscilações nos preços dos insumos, não se subordina à periodicidade contratualmente prevista, podendo resultar, assim, não apenas de fato superveniente e imprevisível, mas também da aplicação de cláusula contratual, tendo a função não apenas de retificar desequilíbrios verificados pelo descompasso entre o preço reajustado e a realidade, mas também a de retificar eventual diferença resultante da aplicação de índice geral para reajustar custos, e a relação destes com as receitas alternativas,[260] por isso o objeto da revisão não se limita a valores, mas abrange a fórmula do reajuste e/ou seus elementos (índices e/ou coeficientes), e a periodicidade dos pagamentos e/ou reajustamentos, os prazos, dentre outros.[261] Além disso, exige comprovação não apenas da ocorrência de eventos excepcionais, que provocaram modificações imprevisíveis nos custos, encargos e vantagens do concessionário, como a determinação da extensão dos efeitos.[262]

Neste sentido a importância da natureza das duas espécies para verificar os limites da intervenção, pois, com a homologação de reajustes, art. 29, V, da Lei 8.987/95, o Estado ratifica o fim da discricionariedade e tem sentido declaratório, e na revisão, a decisão administrativa tem natureza constitutiva em relação à tarifa, alterando-a, e não apenas ratificando a aplicação de índices. O restabelecimento do equilíbrio pode ser pleiteado a qualquer instante, sem a existência de um prazo mínimo para a concessão de reajuste, sendo apenas estipulado um período de doze meses para o caso de reajuste antes da formalização do contrato, se o período referido se caracterizar entre a apresentação da proposta e a assinatura do contrato.[263]

O reajuste depende de homologação do poder concedente no contrato de concessão (art. 29, V, da Lei 8.987/95), podendo a homologação deixar de ser feita se o reajuste contratual ficar acima do poder aquisitivo dos usuários, o que caracteriza uma alteração unilateral do contrato, da qual

---

serviços, critérios e procedimentos para o reajuste e revisão das tarifas. Dúvida existente à luz da Lei n. 8.666/93 aclarada pelo teor do art. 23, IV, da Lei n. 8.987/95 (*ius superveniens*)".

[259] JUSTEN FILHO, Marçal. *Comentários* ... Op. cit., p. 535.
[260] CINTRA DO AMARAL, Antônio Carlos. Op. cit., p. 75 e 76.
[261] BLANCHET, Luiz Alberto. Op. cit., p. 66.
[262] JUSTEN FILHO, Marçal. *Comentários* ... Op. cit., p. 253.
[263] Idem, p. 536.

decorre o dever do poder concedente reequilibrar a equação econômica, que não pode ser feito pelo disposto no art. 9º, § 3º, da Lei 8.987/95, pois sendo o reajuste socialmente inconveniente, assim também será a revisão. No entanto, a alteração contratual confere ao concessionário direito à indenização pela perda de receita.[264]

A diferença prática entre o reajuste e a revisão acaba sendo percebida quando da elevação dos custos da prestação, os quais mesmo sendo substanciais não são reajustados de imediato, pois o índice constante do contrato não irá compensar adequadamente a variação dos preços dos insumos. A cobertura dos custos é verificada com a revisão, a qual será periódica se prevista no contrato, ou, independente de previsão contratual, verificada a alteração unilateral do contrato, o fato do príncipe e a teoria da imprevisão.[265]

Neste sentido, diversas são as situações previstas na Lei 8.987/95 para se operar a revisão da tarifa. A tarifa é revista para manter o equilíbrio econômico-financeiro da concessão, conforme o disposto no art. 9º, § 2º. Também pode a tarifa ser alterada, para mais ou para menos, em face da criação, alteração ou extinção de tributos (exceto o imposto sobre a renda), quando comprovadamente causam impacto em detrimento dos termos da proposta apresentada. A alteração unilateral do contrato, em caso de afetar o equilíbrio econômico-financeiro, deve restabelecê-lo conforme o disposto no art. 9º, § 4º, da lei acima referida.

A alteração unilateral prevista no art. 9º, § 4º, da Lei 8.987/95, não se confunde com o exercício regulamentar e exigência de atualização pela concessionária previsto no art. 6º, §§ 1º e 2º da mesma lei, pois é dever do poder concedente adequar a prestação com as necessidades públicas, como p. ex., a alteração de um itinerário. Quando há um aumento desproporcional dos encargos em razão de legislação superveniente assim dispor, como p. ex., a isenção de pagamento por pessoas idosas, também fica caracterizado o direito à manutenção do equilíbrio, por meio da majoração das tarifas ou redução da remuneração paga ao concedente. Por esta razão, no art. 23, III, da Lei acima referida, a necessidade de uma prévia definição contratual da qualidade do serviço, sob pena de inaplicabilidade do contrato, e conseqüente prejuízo para o interesse público pela impossibilidade de efetuar alterações tendentes à modernização. Conforme a espécie, fica caracterizado o fato do príncipe ou fato da administração, sendo os efeitos decorrentes analisados em capítulo próprio.

Qualquer alteração implica o restabelecimento do equilíbrio para dar cumprimento ao princípio da igualdade, no sentido de efetivar a justiça

---
[264] CINTRA DO AMARAL, Antônio Carlos. Op. cit., p. 97.
[265] Idem, p. 76.

comutativa na relação entre usuário e concessionário, quando remunera os serviços na exata proporção do custo-benefício. De outro modo, analisando pelo aspecto da justiça distributiva, sem deixar de viabilizar as condições econômicas do concessionário, o Estado é chamado a uma participação que considere as desigualdades entre os usuários, justificando com o princípio da proporcionalidade tarifas diferenciadas e até a tarifa subsidiada. E na linha da justiça social todos têm o dever de contribuir, sendo os recursos indispensáveis à prestação da justiça distributiva.[266] Mas, certamente a tendência que predomina é a busca da equivalência material da prestação, que corresponde à valoração econômica das contraprestações consideradas de forma objetiva, dando cumprimento à justiça comutativa expressa no contrato.[267]

Neste sentido, visando a atribuir ao instituto da concessão a extensão que na atualidade procura atingir, para dar cumprimento "aos supremos desideratos constitucionais de fiscalização, incentivo e planejamento da ação social em função do interesse público",[268] em muito o êxito depende da vontade política em contribuir para que haja incentivos governamentais, no sentido de adotar critérios que viabilizem uma política tarifária capaz de proporcionar o acesso de todos a utilização dos serviços públicos.

4.3.1. Elementos que participam da formação do equilíbrio contratual

O regime especial existente nas concessões é indispensável para que seja atribuída a um particular a responsabilidade pelo desempenho de serviços, por conta e risco próprios, pois a mutabilidade a qualquer tempo impõe, em contrapartida, a alteração efetuada no regime da remuneração. A possibilidade de alteração de cláusulas e a conseqüente mudança dos encargos, para mais ou para menos, influenciando no regime da remuneração, deve ter por base os parâmetros para o equilíbrio contratual, o qual não é possível sem que o contrato tenha seguido requisitos objetivos para o seu estabelecimento.

O direito à manutenção do equilíbrio é constitucionalmente garantido, e não deriva de cláusula contratual ou de previsão no instrumento convocatório, por isso o reajuste e a recomposição de preços, bem como a correção monetária, não podem ser condicionados. A Constituição Fede-

---

[266] GODOY, Dagoberto Lima. Tarifa Justa. *Revista da AGERGS*, Porto Alegre: n. 1, p. 39-49, 1º sem./1999.
[267] DI PIETRO, Maria Sylvia Zanella. *Direito* ... Op. cit., p. 228.
[268] FREITAS, Juarez. *Estudos* ... Op. cit., p. 51.

ral garante o equilíbrio financeiro ao dispor sobre a manutenção das condições efetivas da proposta (art. 37, XXI), considerando direito adquirido a equação econômico-financeira contratual, pois impede que normas posteriores possam afetá-la (art. 5º, XXXVI).

A teoria do equilíbrio econômico-financeiro é baseada fundamentalmente nos princípios da eqüidade, da razoabilidade, da continuidade do contrato administrativo e o da indisponibilidade: o princípio da eqüidade impede que uma das partes aufira injustificadamente benefícios às custas da outra parte; o princípio da razoabilidade exige uma proporcionalidade entre o custo e o benefício estabelecidos; o princípio da continuidade do contrato é assegurado com a manutenção do equilíbrio econômico-financeiro; e o princípio da indisponibilidade do interesse público implica decisões que possibilitam a continuidade, razão pela qual deve haver a manutenção do equilíbrio.[269] Também o princípio da isonomia, juntamente com o já referido princípio da eqüidade, fundamentam a manutenção do equilíbrio econômico-financeiro, visando a impedir a alteração de circunstâncias que causem prejuízos a serem suportados por apenas uma das partes, mas o princípio superior da indisponibilidade do interesse público fundamenta a manutenção do equilíbrio, tendo em vista que impõe a necessidade de evitar que sejam feitos desembolsos superiores aos necessários para o cumprimento das finalidades da Administração, por isso há um condicionamento à escolha da proposta mais vantajosa.[270] A Constituição Federal também prevê o princípio da eficiência (art. 37) ou economicidade (art. 70), que traz subjacente o condicionamento da Administração em realizar escolhas comprometidas com a busca da otimização da ação estatal e vinculação à opção que melhor cumpra com a finalidade proposta para a satisfação do interesse público. O princípio referido deve se estender para além do controle da Administração, abrangendo também a apreciação por parte do Poder Judiciário e o próprio controle social, ganhando destaque este último com a Lei 8.987/95, conforme se verá adiante.[271]

O equilíbrio econômico-financeiro "significa a relação (de fato) existente entre o conjunto de encargos impostos ao particular e a remuneração correspondente".[272] A equação econômico-financeira é materializada por um valor, e para o seu estabelecimento concorrem os elementos prazo e tarifa. A natureza contratual da equação econômico-financeira garante ao concessionário o direito de receber o valor nos termos inicialmente firmados,[273]

---
[269] DI PIETRO, Maria Sylvia Zanella. *Parcerias* ... Op. cit., p. 93.
[270] JUSTEN, FILHO, Marçal. *Comentários* ... Op. cit., p. 149.
[271] FREITAS, Juarez. *O Controle* ... Op. cit., p. 86.
[272] JUSTEN FILHO, Marçal. *Comentários* ... Op. cit., p. 531.
[273] BANDEIRA DE MELLO, Celso Antônio. Op. cit., p. 518.

não podendo ser unilateralmente modificado pelo Poder Público. Este aspecto contratual das tarifas consiste no valor resultante do equilíbrio econômico-financeiro, de que a tarifa é uma expressão. Pode o concedente alterar a sua grandeza, mas deve preservar a igualdade matemática substancial estabelecida, da qual a tarifa constitui um dos elementos.[274]

O parâmetro para a garantia do equilíbrio é na proporção dos benefícios e encargos estabelecidos por ocasião da contratação, o que não muda a assunção por parte do concessionário da execução do serviço por sua conta e risco, pois o mesmo é responsável pelo cumprimento dos termos da sua proposta, conforme prevê o art. 2º, II, da Lei 8.987/95, não significando a manutenção do equilíbrio a obtenção de bons ou maus resultados com a negociação.

A definição do equilíbrio econômico-financeiro ocorre a partir da elaboração do ato convocatório, mas a equação se firma com a aceitação da proposta pela Administração. Tal equilíbrio não abrange apenas o montante devido ao particular, mas também o prazo estimado para o pagamento, a periodicidade dos pagamentos e qualquer outra vantagem que possa resultar da relação estabelecida.[275] Por isso, o poder concedente tem pouca ou nenhuma ingerência na determinação da remuneração, em face da importância da proposta apresentada pelo concessionário para o seu estabelecimento, que utilizará os termos do edital para a fixação do preço,[276] sendo o firmado no contrato basicamente decorrente do conteúdo do edital e da proposta aceita pela Administração. Neste sentido, a importância do procedimento licitatório visa a assegurar a escolha da melhor proposta, excluindo aquelas que almejam obter lucros exagerados. Portanto, o que as partes pactuam contratualmente é a remuneração devida à concessionária, e não o valor da tarifa a ser exigido dos usuários, pois este pode ser fixado unilateralmente pelo Estado, conforme os diferentes critérios para a licitação.

Desta forma, a proposta vencedora, após a realização da concorrência, determina a tarifa inicial seguindo os critérios para a licitação e rege os reajustes pelo disposto na lei e no edital, não sendo admitidos reajustes genéricos e unilaterais. A tarifa pode ser definida por ato unilateral do concedente na situação em que a licitação foi feita pelo tipo maior oferta ou de melhor técnica, cabendo ao instrumento contratual apenas ratificar

---

[274] BANDEIRA DE MELLO, Celso Antônio. Idem, p. 527.

[275] JUSTEN FILHO, Marçal. *Comentários* ... Op. cit., p. 145.

[276] OLIVEIRA, Helli Alves de. Os Serviços Públicos de Energia Elétrica e a Nova Legislação sobre Concessões. In: Odete Medauer (Coord.). *Concessão de Serviço Público*. São Paulo: Edit. RT, 1995, p. 39-57.

o edital. Quando utilizados os critérios de menor tarifa ou combinação de critérios, a disposição contratual dependerá do ocorrido na licitação.[277]

Para Benedito Porto Neto, comparando estudo anteriormente realizado sobre o direito estrangeiro, a remuneração no Brasil aproxima-se do Direito Francês, especialmente no que se refere à preservação da relação inicial entre os encargos e a remuneração da concessionária, resultando na remuneração definida por contrato, e não orientada pelo custo do serviço.[278]

O equilíbrio buscado abrange, além dos encargos e benefícios inicialmente definidos entre a entidade concedente e a concessionária "todos os que vierem a acrescentar-se para se aperfeiçoarem, com adequação e satisfação, as necessidades e interesses dos usuários, instabilizando-se a relação contratual inicialmente firmada, têm de repercutir na alteração das cláusulas de tal forma que o equilíbrio havido na origem da concessão e que conduziu à conjugação dos interesses na assinatura do pacto se mantenha permanentemente enquanto perdurar o vínculo".[279]

Conforme acima referido, a fixação das tarifas no contrato compete exclusivamente ao Estado e deve seguir o princípio do equilíbrio, para fins de verificar-se a sua suficiência na remuneração do concessionário pelos custos e investimentos, e para assegurar uma margem de lucro, sem onerar excessivamente os usuários, tendo em vista que as relações de consumo de serviços públicos devem apresentar-se favoráveis ao consumidor, em regra, procurando evitar abusos e tornar as tarifas justas e razoáveis, para fins de atender à proteção do interesse público, conforme será analisado mais adiante.[280] Por isso a garantia da revisão e reajuste das tarifas depende dos critérios do contrato (arts. 9º, § 2º, e 23, inciso IV, da Lei 8.987/95), com a submissão às peculiaridades próprias do regime das concessões, que em face do princípio da mutabilidade torna possível as alterações para a adequação da prestação do serviço, integrando a fixação e alteração da tarifa à categoria das cláusulas regulamentares da concessão.[281]

Os princípios da ausência de exclusividade, competitividade e escolha do usuário se refletem na questão tarifária, tendo em vista que o sentido da sua existência é proporcionar, com a melhor proposta, menores tarifas e melhores serviços. Por isso, a intervenção do concedente na fixação das tarifas tem por objetivo controlar qual o valor efetivamente necessário para remunerar o concessionário, considerando que pode haver aumento ou

---

[277] JUSTEN FILHO, Marçal. *Concessões* ... Op. cit., p. 252.
[278] PORTO NETO, Benedito. Op. cit., p. 110.
[279] ROCHA, Cármen Lúcia Antunes. Op. cit. , p. 67-68.
[280] FREITAS, Juarez. *O Controle* ... Op. cit., p. 152.
[281] PORTO NETO, Benedito. Op. cit., p. 78 e 105.

diminuição do valor em razão de diferentes causas. Quando a tarifa não for estipulada pelo poder concedente no valor da proposta da concessionária, esta última tem direito à compensação econômica por outras fontes alternativas,[282] considerando que o preço representa o *quantum* exigido, geralmente em dinheiro, para a aquisição de determinada mercadoria, coisa ou serviço, e o seu adquirente conhece as variáveis relativas ao preço, que toma como determinantes do montante da contrapartida que representa o preço.[283]

No que se refere à possibilidade de controle das tarifas pelas agências reguladoras, a mesma não é no sentido de uma intervenção na formação do preço direto, mas visam a assegurar a transparência do processo de formação do equilíbrio, com a qualidade das informações e atuação decisiva, e para a defesa efetiva do consumidor no âmbito dos preços regulados, indispensável um quadro técnico qualificado, em virtude da consideração de diversos fatores para a obtenção do equilíbrio, sendo o preço apenas um deles.[284]

Apesar de referir acima que na relação entre usuário e concedente o pagamento da tarifa é um aspecto que caracteriza em grande parte a relação, e inclusive distingue a concessão da prestação de serviços mediante pagamento direto do Estado, a inexistência, em parte, da relação entre remuneração da concessionária e exploração do serviço não desnatura o instituto da concessão. Pode ocorrer que o Estado assuma tarefas ou que haja ganhos provindos da exploração de projetos associados,[285] mas não é admissível a remuneração provir totalmente de fontes alheias à prestação do serviço, sob pena de descaracterizar o instituto da concessão.

Desta forma, a regra na prestação do serviço por concessão é o pagamento do concessionário resultar de receitas que decorrem da exploração comercial do serviço, mesmo que o pagamento não seja efetuado diretamente pelo usuário. O pagamento pode provir da tarifa paga pelo usuário como única forma de remuneração, em que a elevação do custo aumenta na mesma proporção a tarifa; a remuneração pode ser básica, mas complementada por outro tipo de receita, quando houver necessidade de tornar a tarifa módica, visando a assegurar o equilíbrio em parte pelo custo e em parte pela receita complementar; e a possibilidade de a remuneração resultar de outra receita que não a tarifa. No tocante à outorga de subsídio pelo poder concedente, a mesma é possível desde que haja autorização

---

[282] PORTO NETO, Benedito. Idem, p. 105.
[283] GRAU, Eros Roberto. *Licitação e Contrato: Estudos sobre a Interpretação da Lei*. São Paulo: Malheiros, 1995, p. 90 e 92.
[284] ANUATTI NETO, Francisco, A Defesa da Concorrência e do Consumidor são Fundamentais. *Revista da AGERGS*, Porto Alegre, n. 1, p. 28-33, 1º sem./1999.
[285] PORTO NETO, Benedito. Op. cit, p. 75 e 76.

legal para tanto, prévia à concorrência, e que esteja à disposição de todos os concorrentes,[286] além de ser um aspecto que contribui para uma aproximação cada vez maior entre as esferas pública e privada, pois apesar de o particular assumir o serviço por conta e risco próprios, não significa que o Estado não possa concomitantemente assumir determinadas tarefas, quando delas depender a prestação do serviço público e a rigorosa observância das condições de prestação.

Além da tarifa como fonte básica da remuneração do concessionário, as outras fontes alternativas de recursos que podem ser estabelecidas devem ser consideradas para o inicial equilíbrio econômico-financeiro, e por isso a sua necessária disposição no edital. Esta necessidade é decorrente do fundamento básico de que as fontes alternativas são destinadas para além da garantia da modicidade das tarifas a serem pagas pelo usuário, tendo em vista que também operam efeitos para a justa remuneração do investimento do concessionário. Com a utilização de fontes alternativas, a receita derivada da cobrança de tarifa é substituída por outra fonte que irá remunerar o investimento da concessionário, sendo que o usuário fruirá gratuitamente o serviço. Uma possibilidade de fonte alternativa seria dispor de espaços para publicidade,[287] mas a doutrina traz outros exemplos, como a exploração de espaço adjacente ou o subsolo com empreendimentos comerciais como estacionamentos, supermercados, *shopping centers*, restaurantes, *fast foods*, lojas, galerias, postos de gasolina, de manutenção e reparação de veículos. Para fins de dar cumprimento à finalidade proposta, a existência das fontes alternativas também requer o exercício de uma constante fiscalização para a manutenção da equação do contrato e cumprimento da modicidade da tarifa.[288]

A receita complementar visa à modicidade da tarifa e a complementa, a fim de evitar a necessidade de acoplamento de preço político, por parte do poder concedente, mediante a instituição de subsídio, quando a tarifa não é suficiente para remunerar os investimentos da concessionária. Com base no art. 25, § 1º, da Lei 8.987/95, as atividades para esta espécie de receita podem ser contratadas com terceiros, mediante contrato privado, exceto quando a concessionária for empresa estatal ou sociedade de economia mista, cujos contratos são regidos pela Lei 8.666/93. Os projetos associados a que se refere a Lei 8.987/95 geram receita que não provém do objeto da concessão, mas pode ser proveniente simultaneamente de receita alternativa ou complementar.

---

[286] DI PIETRO, Maria Sylvia Zanella. *Parcerias* ... Op. cit., p. 102, 103 e 104.
[287] BLANCHET, Luiz Alberto. Op. cit., p. 70 e 72.
[288] BANDEIRA DE MELLO, Celso Antônio. Op. cit, p. 513.

Além das receitas alternativas e complementares, também as receitas acessórias surgem para a finalidade de assegurar a modicidade e a justa remuneração, mas se distinguem pelo fato de não serem estranhas à atividade principal, apenas acessórias, servindo de exemplo a venda de guias concessão.[289] Outro aspecto, que pode evitar o reajuste das tarifas e propiciar uma melhoria no desempenho da concessionária, é a repartição dos ganhos de eficiência estabelecidos nos contratos, apesar de a Lei 8.987/95 não disciplinar esta matéria expressamente.[290] No âmbito das Telecomunicações, os ganhos da eficiência empresarial são compartilhados entre concessionária e usuários, e não provindos dela são absorvidos pelos usuários, conforme o disposto no art. 108, §§ 2º e 3º, da Lei Geral de Telecomunicações.

A Lei 9.427/96, dispondo sobre as concessões de serviços de energia, prevê os ganhos da eficiência de modo genérico, sem especificar quem seria o beneficiário. Na falta de disposição expressa, em face de tratar-se de cláusula econômica, por isso passível de ajuste entre concedente e concessionário, as partes são livres para pactuarem a solução que entenderem mais adequada. Quando não disciplinados contratualmente, os ganhos da eficiência empresarial cabem ao concessionário, tendo em vista que também suporta os ônus que decorrem do seu agir ineficiente, mas o contrato pode dispor de modo diverso, estabelecendo que tais ganhos são compartilhados com os usuários ou a eles transferidos integralmente por meio da redução da tarifa, ou absorvidos pelo concedente por meio da redução do preço pago à concessionária, quando for o caso. Praticamente no mesmo sentido é a tendência em relação às vantagens provenientes dos avanços tecnológicos, os quais, quando desenvolvidos pela concessionária para o aperfeiçoamento do serviço, são por ela usufruídos, mas se a tecnologia é desenvolvida pela sociedade, nada mais razoável que também esta usufrua dos benefícios gerados.[291]

O prazo da concessão integra as cláusulas regulamentares do contrato, o que possibilita o concedente, por razões de conveniência e oportunidade, extinguir a concessão a qualquer tempo, garantia essa decorrente da manutenção da titularidade por parte do Estado, o que permite a retomada do serviço sem que o concessionário possa se opor, assegurada a preservação do aspecto econômico. Se houver a extinção da concessão por razões de conveniência e oportunidade do Estado, o direito do concessionário à percepção do valor que expressa a equação financeira exige uma prévia

---

[289] BLANCHET, Luiz Alberto. Op. cit., p. 70 e 71.
[290] ASSAD, Luiz Sérgio, A Regulação baseada no Desempenho. *Revista da AGERGS*, Porto Alegre, n. 1, p. 18-20, 1º sem./1999.
[291] PORTO NETO, Benedito. Op. cit., p. 116 e 117.

indenização, conforme o previsto no art. 37 da Lei 8.987/95, questão que surgirá quando da análise das formas de extinção.

Não há disposição que vincule o prazo da concessão à amortização dos bens nela empregados, por isso o prazo ideal é aquele que permite uma suave e integral amortização do capital, para que o usuário não sofra elevação da tarifa, conforme anteriormente referido no item da temporariedade. Por diversos motivos, pode ocorrer o término da concessão sem a amortização dos valores, o que leva à indenização proporcional, conforme o art. 36 da Lei 8.987/95.

Nas concessões de serviços públicos, o prazo longo é uma característica, tendo em vista os elevados investimentos necessários, e, conseqüentemente, a necessidade de um maior prazo para a amortização do capital investido e a obtenção do lucro do concessionário. Pode ocorrer que, apesar da necessidade de investimentos elevados, o prazo seja curto ou que as tarifas sejam baixas, não subtraindo o direito ao equilíbrio patrimonial do concessionário em caso de reversão dos bens, que o mesmo mantém por meio da indenização pelo valor que não foi amortizado e cujo bem nele expresso passa para a integrar o patrimônio público.[292] Em caso de opção do poder concedente em baixar as tarifas, poucos devem ser os bens que revertem para o Poder Público, conforme será analisado mais adiante, sem poder haver uma total renúncia à reversão, em face do disposto nos arts. 18, IX, e 23, X, da Lei 8.987/95.

---

[292] BANDEIRA DE MELLO, Celso Antônio. Op. cit., p. 540.

5. Permissão de serviços públicos

Após a Constituição Federal de 1988, a permissão de serviços públicos tem sido objeto de muitas discussões doutrinárias, tendo em vista que as alterações operadas representam a submissão a um regime jurídico semelhante ao da concessão de serviços públicos, com a necessária incidência dos princípios juspublicistas identificando a natureza de caráter público, sendo o objeto do contrato também um serviço público, da forma como foi analisado no capítulo referente às concessões.

Quanto ao objeto das delegações, há casos em que o serviço só pode ser delegado mediante concessão, outros em que a delegação somente pode ocorrer mediante permissão, ou, ainda, situações em que qualquer das duas poderia ser admitida, dependendo da escolha no caso concreto. Exceto os casos em que a lei prevê a utilização de determinado instituto, não há um critério que permita arrolar de forma taxativa os que podem ser objeto de concessão ou permissão.[293] Por isso, a escolha da Administração entre concessão e permissão depende das circunstâncias do fato e da existência de certos requisitos, não sendo os dois institutos fungíveis entre si, conforme se verá a seguir.[294]

5.1. Natureza jurídica

Historicamente, a permissão tem sido considerada um ato administrativo, mas a reconceituação do instituto traz o reconhecimento da permissão-contrato, inserida na categoria dos típicos contratos públicos.[295] Com a Constituição Federal, fica expressamente prevista a natureza contratual da permissão, art. 175, parágrafo único, inciso I, e confirmada nos termos dos arts. 40 da Lei 8.987/95 e 25, § 1º, da Lei 9.074/95. Apesar da

---

[293] ROCHA, Cármen Lúcia Antunes. Op. cit., p. 174.
[294] JUSTEN FILHO, Marçal. *Concessões* ... Op. cit., p. 88.
[295] FREITAS, Juarez. *Estudos* ... Op. cit., p. 44.

previsão expressa, a natureza contratual não é unanimemente reconhecida, havendo posição doutrinária inclusive entendendo que o sentido do contrato previsto na Constituição Federal apenas seria para comprovar a sua celebração, pois o aspecto contratual não corresponderia à forma da própria permissão.[296]

O regime jurídico da permissão é, no entanto, semelhante ao da concessão, com a diferença fundamental de na concessão haver uma maior estabilidade e garantia de segurança, em face das exigências maiores nesta modalidade do que na permissão, conforme se verá nas características, a seguir. No entanto, cabe desde já referir que o reconhecimento da natureza contratual da permissão está assente nos seguintes aspectos: existência da licitação,[297] após a devida justificação da medida demonstrando a sua conveniência; a conciliação da característica do prazo com a precariedade supõe apenas uma duração mais curta do contrato, com a mudança do sentido tradicional de precariedade; e a previsão da permissão, no art. 1º da Lei 8.987/95, como modalidade contratual.[298] Assim, deve ser também a permissão de serviços públicos um ato bilateral, precedido de licitação, e jamais poderia ter natureza precária, exatamente porque deverá ser objeto de contrato.[299]

A referência legal do instituto da permissão como "contrato de adesão" quer significar o reconhecimento de que a licitação contém todas as condições do contrato, não deixando margem de escolha aos licitantes. Esta possibilidade de fixação das condições acaba por caracterizar o sentido da unilateralidade da permissão, apesar da manifestação da parte existente na formulação da proposta.[300]

5.2. Características

A permissão de serviços públicos apresenta as características *intuitu personae*, da precariedade, da temporariedade, da onerosidade, da discricionariedade, e da comutatividade.

Para a permissão de serviços públicos podem participar as pessoas físicas ou jurídicas, com exclusão dos consórcios, pela sua incompatibili-

---

[296] BLANCHET, Luiz Alberto. Op. cit., p. 180.
[297] Assim como a concessão, também a permissão não pode ser autorizada pelo Poder Judiciário, cabendo apenas à Administração, após a prévia licitação. Neste o Agravo de Instrumento nº 98.04.06602-5, do TRF4/PR, com julgamento em 20/08/98, de lavra da relatora Marga Barth Tessler.
[298] FREITAS, Juarez. *O Controle* ... Op. cit., p. 166 e 167.
[299] FIGUEIREDO, Lúcia Valle. *Curso* ... Op. cit., p. 94.
[300] JUSTEN FILHO, Marçal. *Concessões* ..., op. cit., p. 86.

dade em face da suposição de que a complexidade da organização seria excessiva para esta espécie. Mas a característica *intuitu personae* está presente para a garantia do interesse público, com a escolha do contratante que apresentar as condições para o exercício de determinado serviço público, após a verificação da situação jurídica, econômico-financeira e técnica por meio de procedimento licitatório.[301] Quanto às modalidades de licitação, na permissão cabe a utilização de convite e tomada de preços, mas o mais aconselhável seria a realização da concorrência.[302] Com a necessidade de prévia licitação, o instituto da permissão fica numa situação similar a qualquer contrato público, e a existência de uma proposta do particular, o assemelha a um acordo de vontades.[303]

A precariedade na permissão não significa competência para uma rescisão imotivada, unilateral e sem limites do contrato, e nem permite a revogação, pois a permissão é contrato, e não ato. Desta forma, assim como nas concessões de serviços públicos, apesar da existência de prazo, ocontrato é rescindível, com a característica de haver na permissão uma precariedade maior, que exige previsão legal para ensejar a indenização do permissionário.[304] Há posição doutrinária que, em regra, não reconhece a existência do prazo determinado para as permissões, com a precariedade existente no momento da outorga e da extinção da permissão, sendo, assim, o seu sentido a possibilidade de revogação do ato jurídico a todo momento, e no estabelecimento de contrato com prazo, este significaria apenas o limite para a duração da outorga, sem conferir o direito subjetivo público à compensação pecuniária em caso de extinção extemporânea.[305]

A ausência de indenização, com a extinção da permissão, resulta da própria natureza da relação, que impede investimentos altos, não comprometendo, assim, o patrimônio do permissionário. Apenas excepcionalmente, dependendo das condições do caso concreto, pode ser aplicado o princípio do equilíbrio econômico-financeiro, possibilitando a indenização ao permissionário. Casos como uma alteração superveniente imprevisível pode provocar a revisão da tarifa, ou a necessidade de investimentos pelo permissionário para a garantia da continuidade do serviço, o que pode ensejar indenização, desde que haja autorização da Administração para tanto.[306]

---

[301] ROCHA, Cármen Lúcia Antunes. Op. cit., p. 164.
[302] JUSTEN FILHO, Marçal. *Concessões* ... Op. cit., p. 89.
[303] Idem, p. 85.
[304] ROCHA, Cármen Lúcia Antunes. Op. cit., p. 166.
[305] DI PIETRO, Maria Sylvia Zanella. *Parcerias* ... Op. cit., p. 122.
[306] JUSTEN FILHO, Marçal. *Concessões* ... Op. cit., p. 87.

A característica acima referida merece ser interpretada em face da dimensão contratual do instituto, o qual, na essência, não difere do contrato de concessão, motivo pelo qual são impostos prazos determinados, conforme se verá a seguir. Deste modo, a precariedade é um dos elementos que obriga a releitura da permissão, por ser esta um instituto apenas relativamente precário, assegurando a defesa e o contraditório em caso de conflitos entre permitente e permissionário, tendo em vista a existência prévia da licitação e o estabelecimento de um ajuste entre as partes de natureza juspublicista,[307] com a fundamentação idêntica da permissão pelos mesmos princípios cabíveis na concessão.[308]

Além da garantia do permissionário, que não lhe serão impostos ônus que não estejam relacionados com o vínculo firmado, o grande beneficiado em reconhecer a permissão não mais com a característica da tradicional precariedade, mas com a garantia de um ajuste contratual é o usuário do serviço público, pois era ele quem acabava arcando com os prejuízos decorrentes de extinções indevidas e onerosas para o erário público.

A característica da temporariedade decorre da inexistência de permissão por prazo indeterminado, visando a possibilitar uma maior segurança para as partes e os destinatários do serviço, como é típico nas relações contratuais. A previsão de prazos máximos reforça esse entendimento, conforme previsão nos arts. 5º, 18, I, da Lei 8.987/95, e arts. 4º e 25, § 1º, da Lei 9.074/95, aplicáveis à permissão, apesar da exceção prevista na Lei 9.472/97 (Lei de Telecomunicações), que define a permissão de serviços de telecomunicações como permissões-atos, sem deixar de dispor sobre prazos mínimos e máximos. Também por força do art. 57, § 3º, da Lei 8.666/93, aplicável supletivamente à permissão, deve haver a fixação de um termo final.[309]

Na permissão de serviços públicos, assim como na concessão, o permissionário assume o serviço por conta e risco próprios, e o pagamento pelo serviço é efetuado, em geral, pelo usuário do serviço, salvo a possibilidade de fontes alternativas acessórias e complementares. O permissionário não assume muitas despesas em face do princípio da menor onerosidade possível ao usuário, além de não pagar ao permitente pela exploração do serviço, mas não há impedimento no estabelecimento de ônus em favor do permitente para o caso em que estiver comprovada a conveniência do pagamento, mas deve haver previsão no procedimento licitatório.

---

[307] FREITAS, Juarez. *Estudos* ... Op. cit., p. 45.
[308] ROCHA, Cármen Lúcia Antunes. Op. cit., p. 170.
[309] PORTO NETO, Benedito. Op. cit., p. 136.

A discricionariedade na permissão está contida e limitada àquela existente nos ajustes de matiz público, tendo em vista a necessidade de uma justificativa da conveniência da permissão,[310] com a caracterização do objeto, da área e do prazo, passando a constar das cláusulas contratuais, cujo cumprimento é obrigatório para as partes, garantindo ao permissionário os direitos nascidos e havidos na constância do vínculo firmado.

Além da justificativa demonstrando a conveniência antes do ajuste firmado, também após a sua formalização o permissionário sujeita-se à fiscalização do poder permitente e dos usuários, nos mesmos termos em que se verifica nas concessões, visando a garantir de forma ampla a transparência de todo o procedimento, para fins de proceder à escolha que melhor atender ao interesse público.

Das características que individualizam o instituto em análise, verifica-se que as diferenças que se operam em relação à concessão não são diferenças de fundo, entendendo parte da doutrina, inclusive, que não há diferenças entre o regime jurídico das concessões e o das permissões quando se tratar de serviços públicos,[311] mas o Estado não tem livre escolha para optar entre concessão e permissão, porque a natureza precária desta pode ser incompatível com a atividade objeto do contrato de concessão, o qual requer investimentos vultuosos por parte do concessionário, exigindo, por isso, um regime mais estável, com maior segurança. Desta forma, sempre que o particular assume prestações de natureza complexa, com a perspectiva de compensação por meio da exploração continuada no tempo, a única alternativa é a concessão. De forma diversa, cabe o instituto da permissão quando a remuneração obtida em curto prazo é suficiente para compensar o particular e não houver investimentos de maior monta, sem a transferência do patrimônio do particular para a Administração. Portanto, firmando-se um ajuste a título de permissão, mas adotando as regras, direitos e obrigações peculiares a uma concessão, deve ser aplicado o regime jurídico da concessão.[312]

---

[310] FREITAS, Juarez. *Estudos* ... Op. cit., p. 45.
[311] FIGUEIREDO, Lúcia Valle. *Curso* ... Op. cit., p. 94.
[312] JUSTEN FILHO, Marçal. *Concessões* ... Op. cit., p. 88 e 89.

6. Autorização de serviços públicos

Na esfera das delegações, apenas a autorização perdura como ato administrativo.[313] O ato administrativo pelo qual o serviço é autorizado é unilateral, precário e discricionário, com a finalidade de atender a interesses instáveis e emergenciais, sem a exigência de licitação.[314] Sendo assim, as principais características da autorização são a existência de conteúdo discricionário, unilateral, precário, passível de ser revogado quando o interesse público o exigir.[315]

A legislação básica sobre as delegações, Lei 8.987/95, disciplina apenas a concessão e a permissão, mas a Lei 9.074/95 acrescenta a essas a autorização, dispondo que a delegação se comporta em concessão ou em autorização (art. 6º da Lei 9.074/95) ou, mesmo, em que menciona apenas essa modalidade (arts. 7º e 9º da Lei 9.074/95), conquanto se tenha também na legislação brasileira sobre transporte rodoviário interestadual de passageiros a previsão apenas das figuras da permissão e autorização, excluída a concessão (Decreto 2521/98).

A doutrina considera a autorização basicamente para serviços emergenciais, justificando, assim, a sua exclusão do art. 175 do texto constitucional, pois não seria um instituto de uso regular e integrante do regime jurídico de prestação indireta dos serviços. No entanto, o art. 21, XI e XII, da CF e a Lei 9.074/95 trazem peculiaridades que afastam as características gerais constantemente citadas na doutrina, em face de considerar a autorização mesmo nos casos em que não têm nem emergência nem especialidade em seu objeto.

Considerando o disposto no art. 21, XI e XII, da Constituição Federal, a autorização é, em regra, ato discricionário e não vinculado, constituindo a delegação ao particular alternativa à escolha da Administração Pública,

---

[313] FREITAS, Juarez. *Estudos* ... Op. cit., p. 45.
[314] PEREIRA, Cláudia Fernanda de Oliveira. *Reforma Administrativa*: o Estado, o Serviço Público e o Servidor. Brasília: Brasília Jurídica, 1998, p. 39.
[315] FIGUEIREDO, Lúcia Valle. *Curso* ... Op. cit., p. 95.

pois as autorizações não podem mais ser vistas fora dos parâmetros exigidos pelo princípio da menor precariedade possível, sendo os atos discricionários em alguma medida vinculados, não sendo o controle direcionado para a conveniência e oportunidade em si, mas para a adequação dos juízos desta natureza ao sistema. Neste sentido, a vinculatividade em determinado grau está presente ao referir a Lei 9.074/95 sobre o autoprodutor de energia elétrica, tendo em vista a exigência de inviabilidade de competição.[316]

Em regra, a autorização não se constitui em serviço público, mas pressupõe atividade econômica, o que não afasta a fiscalização estatal, como ato de polícia administrativa ou licença,[317] utilizando como exemplo o aproveitamento por particulares, no âmbito de atividade econômica em sentido estrito, de potenciais hidráulicos de pequena potência, destinados ao consumo próprio (art. 7, da Lei 9.074/95). A exploração de portos marítimos, fluviais e lacustres (art. 21, inc. XII, *f*) cabe à União por exploração direta ou mediante concessão ou permissão, mas os pequenos portos são objeto de livre exploração por parte de qualquer um, sendo cabível, nesses casos, o regime da autorização. Assim, a atividade será considerada serviço público quando de relevante importância no âmbito econômico ou no tocante ao interesse público.[318] A Lei 9.472/97 quis excluir do conceito de serviço público parte dos serviços de telecomunicações, classificando esses serviços em públicos e privados, os públicos para a satisfação do interesse coletivo, e os privados no interesse restrito. Com isso, apenas parte do serviço é considerado público, ficando o outro para o desempenho da iniciativa privada, mediante a autorização.[319]

Considerando o instituto da autorização na atualidade, o mesmo confere a utilização de um serviço no interesse exclusivo do particular, pois este não exerce uma atividade que vá ser usufruída por terceiros, no atendimento das necessidades coletivas. Assim, é a autorização um ato unilateral da Administração Pública, pelo qual é delegada de forma precária, em condições de demanda especial da coletividade, a execução de serviço público. Em situação especial, servindo a autorização para substituir um serviço que por uma situação excepcional não puder ser prestado pelo servidor público, ou pelo permissionário ou concessionário, quem autoriza o serviço irá estipular o valor da tarifa a ser pago ao autorizado, com a incidência de um controle bastante rigoroso.

---

[316] FREITAS, Juarez. *O Controle* ... Op. cit., p. 169 e 170.
[317] Idem, p. 170.
[318] JUSTEN FILHO, Marçal. *Concessões* ... Op. cit., p. 91.
[319] DI PIETRO, Maria Sylvia Zanella. *Parcerias* ... Op. cit., p. 127 e 128.

O exercício da atividade autorizada fica subordinada ao consentimento e à fiscalização do Poder Público, sem assegurar ao particular o direito à manutenção do equilíbrio econômico-financeiro.[320] Quando possibilita a utilização de um serviço, o Estado o faz com base no Poder de Polícia, estabelecendo, assim, as condições em que a atividade será exercida, com a possibilidade da devida fiscalização. Mas a lei não definiu as hipóteses em que o serviço é considerado de interesse restrito, deixando, no caso das telecomunicações, à Anatel a incumbência de fazê-lo, em ofensa ao princípio da legalidade. De um modo geral, o instituto da autorização é aconselhável para serviços que não exigem execução pela administração, sem especialização, tendo como exemplos clássicos os serviços de táxi, de pavimentação, de guarda particular, dentre outros, em que a qualidade da prestação do serviço é de interesse público.[321] No caso concreto, no entanto, para ceder autorização ao particular, no interesse público, deve ser respeitada eventual licença anterior, não abrangida pela nova situação estabelecida, que tivesse sido conferida para o exercício da mesma atividade de táxi, no mesmo local, impedindo modificações arbitrárias que não estejam de acordo com a legislação local, conforme recente decisão do Tribunal de Justiça do Rio Grande do Sul.[322]

As atividades submetidas à autorização do Poder Público não constituem prestação remunerada de serviço público, mas atividade privada

---

[320] A ementa do Mandado de Segurança n. 598016798, do TJRS, com decisão em 23 de setembro de 1998, de lavra da relatora Maria Isabel de Azevedo Souza, assim dispõe: "MANDADO DE SEGURANÇA. SERVIÇO AUTORIZADO DE TÁXI. OUTORGA DE AUTORIZAÇÕES EM VIOLAÇÃO AO CRITÉRIO LEGAL. CONTROLE JUDICIAL DO ATO ADMINISTRATIVO EM SEDE MANDAMENTAL. VIOLAÇÃO AO CRITÉRIO LEGAL. IMPOSSIBILIDADE. ILEGITIMIDADE. AUSÊNCIA DE DIREITO.
1. O controle dos atos administrativos via mandado de segurança tem como pressuposto a ameaça ou lesão a direito por ato de autoridade. Mero interesse econômico não enseja o manejo do remédio heróico.
2. Titular de autorização para exploração de serviço de táxi não tem legitimidade para pedir a desconstituição de novas autorizações que teriam sido outorgadas em desacordo com os critérios legais. E que, não se tratando de prestação remunerada de serviço público pelo particular, mas de atividade privada subordinada ao consentimento e fiscalização pelo Poder Público, não há direito a manutenção de equilíbrio econômico-financeiro. Hipótese em que sempre há prova de redução de remuneração".

[321] PEREIRA, Cláudia Fernanda de Oliveira. Op. cit, p. 39.

[322] Mandado de Segurança n. 599039807, do TJRS, com decisão em 08 de junho de 1999, de lavra do relator Paulo de Tarso Vieira Sanseverino: "MANDADO DE SEGURANÇA. MUNICÍPIO. ALVARÁ DE LICENÇA PARA MOTORISTA DE TÁXI. O município tem poder para conceder permissões a motoristas de táxi para trabalharem em determinados locais em conformidade com o interesse público.
Todavia, deve respeitar as licenças recentemente concedidas para determinado local.
Situação agravada, no caso concreto, pela ambigüidade do edital em relação à situação do impetrante.
Apelação do Município improvida.
Sentença concessiva da segurança parcialmente modificada apenas no tópico referente aos honorários advocatícios (Súmula 105 do STJ)".

submetida à fiscalização, dependendo a auferição da renda da dedicação do titular da autorização que a exerce com autonomia, sem estar o mesmo sujeito a horários fixos, por isso não tem direito à manutenção do equilíbrio econômico-financeiro. Já o controle do número de autorizações em face do número de habitantes de determinada cidade importa em controle e fiscalização dos atos da autoridade administrativa municipal, impugnáveis pela ação civil pública e pela ação popular.[323]

---

[323] Mandado de Segurança n. 598016798, do TJRS, com decisão em 23 de setembro de 1998, de lavra da relatora Maria Isabel de Azevedo Souza.

7. Controle social para a busca de uma maior efetivação dos serviços públicos como direitos fundamentais sociais

No art. 7º da Lei 8.987/95, são elencados de forma exemplificativa os direitos do usuário. O direito ao serviço adequado obriga o Estado a eliminar os defeitos, podendo o usuário exigir medidas para que seja efetuada a regulação.[324] Na prestação de serviços pelo contratado como fornecedor, nasce a responsabilidade civil objetiva pela simples existência do dano resultante de ação ou omissão do contratado, entendendo parcela da doutrina que este último e o Estado ficam solidariamente responsáveis, e que o Estado, indenizando o terceiro, teria direito de regresso contra o contratado que causou o dano, mediante prova da culpabilidade.[325] No entanto, por assumir o contratante o serviço por conta e risco próprios, a responsabilidade do Estado será apenas subsidiária, e não solidária, conforme se verá mais adiante, sendo conferidos direitos e deveres aos usuários que possibilitam a transparência dos atos praticados, especialmente para evitar uma prestação descomprometida com a conservação dos bens materiais utilizados, para que o Estado não seja surpreendido com um agir que pode não ser benéfico para a continuidade do serviço, além das possíveis implicações em termos de responsabilidade.

O direito a informações emana do princípio da publicidade, como instrumento de controle das atividades estatais, mas também aqui há limites acerca das informações sobre o funcionamento do serviço público, para fins de resguardar a esfera individual das pessoas e do próprio Estado que requerem sigilo em determinados aspectos. Sem o princípio da publicidade, que serve de instrumento para a transparência dos atos administrativos e do acesso aos responsáveis pela sua realização, o direito a informações fica a desejar.

---

[324] JUSTEN FILHO, Marçal. *Concessões ...* Op. cit., p. 133 e 134.
[325] Idem, p. 543.

O direito de liberdade na utilização decorre do princípio da não-exclusividade na prestação do serviços por terceiros, sendo uma forma de propiciar uma maior qualidade do serviço, pois o usuário tem a liberdade de escolher o prestador que fornece o serviço da forma mais adequada.

O usuário do serviço público não apenas usufrui de direitos, mas também é incumbido de deveres, como o de colaborar para com a realização dos objetivos do Estado, assim como o dever de abster-se de condutas prejudiciais ao desenvolvimento do serviço público, e a obrigação de condutas que são necessárias ao desenvolvimento do serviço público.

A comunicação de irregularidades é um dever-poder que assiste ao usuário, cuja ausência pode levar à responsabilização pessoal do mesmo. Mas, para que isto se concretize, deve ser criada e mantida, por quem prestar o serviço, uma estrutura capaz de receber e apurar as irregularidades denunciadas, o que demanda um certo período para ocorrer. Já há registros recentes neste sentido, a exemplo das iniciativas por parte da Agência Estadual de Regulação dos Serviços Públicos Delegados do Estado do Rio Grande do Sul, convocando os usuários dos serviços públicos.

O dever de comunicar os atos ilícitos da concessionária diretamente ao poder concedente, vem ao encontro dos ditames decorrentes do regime jurídico da prestação dos serviços delegados, que prevê o dever por parte do concedente em fiscalizar a prestação desta espécie de serviço, amparado pelos diversos institutos que asseguram a retomada dos serviços pelo Poder Público titular dos mesmos.

O dever de colaboração material, expressamente previsto, visa a possibilitar que o maior número possível de usuários possa usufruir dos serviços, por meio do auxílio dos mesmos na preservação da estrutura material, que possibilita a prestação do serviço e a sua continuidade. Esta espécie de colaboração está diretamente ligada ao princípio da cooperação, no sentido de impedir que sejam criados obstáculos desnecessários à prestação normal dos serviços, integrando o usuário como participante ativo e colaborador.

7.1. O controle social para a garantia do equilíbrio contratual

Com a tendência do Direito das Obrigações em melhor realizar o equilíbrio social, a preocupação centra-se não apenas em impedir a exploração do mais fraco pelo mais forte, mas também na supremacia do interesse coletivo aos interesses de cunho meramente privado.[326] Neste sentido

---

[326] FREITAS, Juarez. *Estudos ...* Op. cit., p. 175.

também a participação do cidadão nos contratos de concessão firmados pela Administração Pública, tendo por base os interesses relacionados com a comunidade genericamente considerada, e não como expressão apenas do interesse particular, participação essa do cidadão como membro da comunidade, afetado pelo interesse geral, visando à preservação da finalidade pública, que é a razão do controle.[327]

Em termos de concessões do serviço público, as partes envolvidas na contratação são o concedente e o concessionário, mas o usuário é terceiro que tem o dever/poder em participar e contribuir para a melhoria da prestação dos serviços para a coletividade. Neste sentido, assim como na relação entre o concedente e o concessionário aparece a noção de contratante débil, na relação com o destinatário do serviço surge a noção de usuário.

É preciso considerar, no entanto, pelas possibilidades acima referidas em termos de participação popular, que a noção de cidadão/usuário ou usuário/consumidor é utilizada de modo genérico, sem distinguir qual, dentre pessoas físicas ou jurídicas, se encontra em posição de merecer ou necessitar de proteção. Mesmo assim, o controle para a adequação do serviço só atingirá a finalidade com a devida ponderação dos interesses envolvidos, favorecendo sempre aquele que for o melhor para a coletividade como um todo, e não no interesse daqueles usuários que detêm o maior poder econômico. Esta deve ser a tendência para que o controle social tenha efetivamente sentido, por isso a preocupação com os organismos de regulação em termos de equilíbrio econômico-financeiro, para que não sejam "tentados" a estabelecer regulamentos direcionados a privilegiar os agentes econômicos, em detrimento do interesse maior da sociedade,[328] considerando que o interesse na prestação dos serviços públicos delegados é o interesse público, que visa a proporcionar o serviço da melhor forma possível e pelo menor custo para a coletividade representada pelo usuário final. Com o princípio da proporcionalidade, o intérprete tentará compatibilizar os valores envolvidos, procurando permitir que todos sejam satisfeitos e realizados. Não sendo possível, optará pelo valor de maior hierarquia.[329]

O princípio da eqüidade consiste no equilíbrio dos direitos e deveres nos contratos, possibilitando o alcance da justiça contratual, por meio da proibição de cláusulas abusivas que assegurem vantagens unilaterais e exageradas, não sendo necessário que tais cláusulas decorram do abuso do

---

[327] SOARES, Fabiana de Menezes. *Direito Administrativo de Participação*: Cidadania, Direito, Estado e Município. Belo Horizonte: Editora Del Rey, 1997, p. 77.
[328] VILLELA, Guilherme Socias. Op. cit.
[329] JUSTEN FILHO, Marçal. *Comentários* ... Op. cit., p. 66.

poder econômico, bastando o resultado, qual seja, o desequilíbrio, mesmo inexistindo ato reprovável do fornecedor, e inclusive com a aceitação consciente do consumidor da cláusula abusiva.[330] Por isso, as cláusulas contratuais são tangidas pelo interesse público, procurando garantir que o reequilíbrio do contrato não seja desproporcional e abusivo em relação ao usuário, sob pena de acarretar a nulidade absoluta, conforme dispõe o art. 51, IV, do CDC.[331]

A tendência atual nos contratos é a predominância do interesse social sobre o interesse individual, do que resulta uma preocupação cada vez maior com as condições reais da conclusão e execução do ajuste entre as partes. Como conseqüência, também no direito público a proteção com a parte mais fraca[332] está presente, e a forma com que as condições contratuais estão dispostas e são passíveis de controle, representam os elementos necessários para a sua concretização.

Na esfera das delegações, a questão do contratante débil é relevante, considerando que não são apenas as pessoas físicas que podem se enquadrar nesta qualificação, mas também as pequenas e médias empresas. Assim, o sentido da função social do contrato é a sua adequação à ordem econômica dirigida, que visa a proporcionar uma adequação dos valores contratuais à realidade de quem necessita da prestação de serviços básicos como são os serviços públicos, além do favorecimento do contratante débil.[333] De um modo mais genérico, significa a função social do contrato a amplitude da esfera de responsabilidade, para as situações em que terceiros são prejudicados em razão do ajuste efetuado.

Com a prestação descentralizada de serviços públicos pelo instituto da concessão, a crescente preocupação com o aspecto da universalização da prestação do serviço público e da igualdade de acesso a ele pelos usuários, em face da presença da questão tarifária, procura tornar o direito de participação do usuário um mecanismo para mitigar os efeitos dos desequilíbrios do poder,[334] com o controle social atento para que a revisão das tarifas não seja utilizada apenas para fins de aumentar ganhos do concessionário,[335] mas para assegurar a continuidade do serviço público e a sua adequada prestação.

---

[330] MARQUES, Cláudia Lima. Op. cit., p. 282 e 283.
[331] FREITAS, Juarez. *O Controle ...* Op. cit., p. 151.
[332] LÔBO, Paulo Luiz Neto. Dirigismo Contratual. *Revista de Direito Civil da RT*, São Paulo: n. 52, p. 64-, 78.
[333] Idem.
[334] PORTO MACEDO JR., Ronaldo. Op. cit., p. 200.
[335] ROCHA, Cármen Lúcia Antunes. Op. cit., p. 105.

A legislação, especificando a política tarifária, regulamenta a situação jurídica dos contratantes e as suas garantias, e a situação dos usuários. Essas duas esferas estão interligadas, pois a mudança das condições firmadas no contrato pode alterar o equilíbrio contratual, bem como o valor da tarifa a ser paga pelo usuário. No entanto, não ocorrendo alteração das condições do contrato, impossível que o mesmo seja modificado, tendo em vista que a Lei considera mantido o equilíbrio econômico-financeiro, entendendo-se essas condições como sendo aquelas passíveis de revisão, pois o reajuste também visa a manter o equilíbrio, não sendo necessário, para tanto, mudança das condições do contrato.

O princípio da adaptação ou adequação visa a adaptar a forma e as condições de prestação do serviço por meio das alterações necessárias para a satisfação da coletividade. É a adaptabilidade do serviço público à demanda social que torna a mutabilidade referida anteriormente permanente, devendo o concessionário aceitar as alterações do pactuado sob a forma de cláusula de serviço para a satisfação do interesse público, sob a forma de atendimento também da eficiência e atualidade na prestação, quando esta for a exigência mais emergente.[336]

Pela verificação da incompletude no contrato, os limites da capacidade de previsão humana, os custos e ameaças à solidariedade, surge a boa-fé ou confiança na relação estabelecida como decorrente da junção dos princípios da moralidade e da segurança das relações jurídicas,[337] buscando destacar a natureza participatória do contrato, especialmente pelo aspecto moral envolvido que resulta na justiça enquanto normalidade.[338]

Deste modo, os interessados conhecem previamente as exigências para o cumprimento do futuro contrato, mas não são estabelecidos rigorosamente todos os limites dessas exigências, apesar da necessária objetividade, tendo em vista que a prestação dos serviços públicos delegados segue a tendência da moderna doutrina que disciplina as relações de consumo, ao referir que as normas técnicas estabelecem parâmetros de comunicação técnica necessárias ao funcionamento da produção e circulação de bens e serviços, mas isto não significa a imposição de um tipo, e sim, a produção de instrumentos de medida e comparação contínuos. Esta normalização técnica significa que o bom produto é o adequado ao seu uso, a sua finalidade e a sua concepção, de maneira que quem diz contratual diz normal e quem diz normal diz justo.[339]

---

[336] ROCHA, Cármen Lúcia Antunes. Op. cit., p. 112.
[337] FREITAS, Juarez. *O Controle* .... Op. cit., p. 73.
[338] PORTO MACEDO JR., Ronaldo. Op. cit., p. 231.
[339] Idem, p. 74, 75 e 95.

A regulação técnica pelas agências reguladoras justamente abrange os aspectos da regularidade, continuidade, eficiência, segurança, confiabilidade, atualidade e cortesia, aspectos esses que caracterizam a qualidade do serviço, resultando na difícil tarefa de ponderar e escolher entre o conforto e a eficiência ou a modicidade das tarifas.[340] Deve o agente regulador agir com equilíbrio ao utilizar-se da discricionariedade e autonomia que lhe foram conferidas para favorecer os interesses maiores da sociedade.[341] Para que esta regulação seja transparente, justa e efetiva, é indispensável a presença do consumidor, devendo ser estimulada a criação de conselhos, criação de programas de educação e informação para a divulgação dos direitos e obrigações dos usuários dos serviços.[342] Uma das formas de possibilitar o ingresso de novos padrões de qualidade capazes de melhorar o desempenho da concessionária, sem onerar o consumidor com reajustes tarifários, é a repartição dos ganhos da eficiência, já referida acima,[343] e que precisa seguir os parâmetros estabelecidos no contrato como qualquer outro elemento.

No Brasil não há a figura do *Ombudsman*, mas foi criado o ouvidor na legislação das agências reguladoras, o qual tem a função de ouvir e investigar as denúncias, críticas, solicitações e sugestões dos cidadão com relação aos seus direitos. Após, encaminha os assuntos à empresa em que atua, e obtém as explicações necessárias para repassar ao solicitante. O ouvidor também pode antecipar-se às solicitações dos cidadãos e ouvir opiniões dos mesmos para evitar problemas que envolvem as relações entre empresas prestadoras de serviços e usuários, sendo indispensável uma infra-estrutura adequada, com equipamentos como telefones, fax, computadores, dentre outros. No Rio Grande do Sul, a experiência concreta neste sentido foi realizada pela agência reguladora do Estado com a criação de Cadastro de Usuários-Voluntários, para colher as suas opiniões sobre os serviços de transportes, energia elétrica e telecomunicações, possibilitando ao participante apontar falhas e medidas recomendáveis para a melhoria dos serviços.[344]

Com relação à importância da colaboração voluntária do cidadão, já referia Lafayette Pondé, ao tratar do poder municipal, que esse poder não deve ser arbitrário e deve buscar na cooperação voluntária dos cidadãos a

---

[340] VILLELA, Guilherme Socias. Op. cit.
[341] ABDO, José Mário Miranda. Regulação em Energia Elétrica: o Caso Brasileiro. *Revista da AGERGS*, Porto Alegre, n. 1, p. 8-12, 1º sem./1999.
[342] COELHO, Maria de Lourdes Reyna. Regulação para a Competência. *Revista da AGERGS*, Porto Alegre, n. 1, p. 66-67, 1º sem./1999.
[343] ASSAD, Luiz Sérgio. Op. cit.
[344] CHAVES, Pedro. Op. cit.

maior fundamentação democrática, por meio de entendimentos e acordos diretamente firmados com estes últimos.[345]

A justiça contratual, referida acima, também deve ser verificada para a análise do equilíbrio, não bastando o consentimento válido e a aceitação dos requisitos formais.[346] Como mecanismo de controle e mitigação das vantagens excessivas, do abuso do poder ou da situação desvantajosa de uma das partes, a boa-fé exerce um importante papel, tendo em vista que a mesma incorpora elementos da vida efetiva das relações contratuais, como os princípios da reciprocidade, papel de integridade, solidariedade e harmonização com a matriz social, reportando-se necessariamente a uma comunidade de valores e expectativas compartilhados, na qual os membros de um grupo mantêm as suas relações frente aos demais.[347] Para a sua garantia, o controle prévio ao contrato justamente visa a evitar que os termos contratuais estabelecidos proporcionem lucros exagerados e comprometam os princípios do equilíbrio contratual.

Neste sentido, o contrato que instrumentaliza uma concessão de serviços é um contrato essencialmente de boa-fé,[348] considerando a realização de uma equação econômico-financeira honesta e equilibrada para as partes diretamente envolvidas na outorga da concessão e para a manutenção de uma relação de confiança com os usuários que são os destinatários do serviço contratado. Geralmente é o usuário, como destinatário do serviço, quem primeiro se manifesta em termos de pressupostos de adequação do serviço, por isso o controle social representa um dos elementos fundamentais para a consecução do equilíbrio contratual, com a garantia de ter a seu favor um instrumento que assegura a eqüidade e a justiça contratual, qual seja, a interpretação das cláusulas do contrato a favor do consumidor, conforme dispõe o art. 47 do CDC.[349]

---

[345] PONDÉ, Lafayette. Op. cit., p. 362.

[346] O Agravo de Instrumento n. 1998.04.01.060813-0/PR, julgado em 29/04/99, de lavra da relatora Maria de Fátima Freitas Labarrère, enfatiza a questão do equilíbrio contratual, devendo considerar os investimentos anteriormente realizados, assim dispondo a ementa: "ADMINISTRATIVO. CONTRATO DE CONCESSÃO DE RODOVIAS. MODIFICAÇÃO UNILATERAL DO CONTRATO. INVESTIMENTOS ANTERIORES NÃO-CONSIDERADOS. QUEBRA DO EQUILÍBRIO FINANCEIRO.
1. É permitida à Administração a alteração unilateral do contrato, desde que mantido o equilíbrio econômico-financeiro da empresa contratante.
2. No caso em exame, ao ser feita a redução dos recursos financeiros da concessionária e dos encargos a ela atribuídos, deixou-se de considerar o investimento de trezentos milhões de reais que, por exigência da Administração, a empresa foi compelida a realizar.
3. A redução unilateral causou prejuízo econômico-financeiro, que prejudicará o cumprimento do contrato".

[347] PORTO MACEDO JR., Ronaldo. Op. cit., p. 229 e 231.

[348] JÈZE, Gaston. Op. cit., p. 392.

[349] MARQUES, Cláudia Lima. Op. cit., p. 283.

Ao contrário do que ocorre nos contratos privados, o contrato de concessão assegura às partes um equilíbrio inicialmente estipulado que se mantém durante todo o período de duração, por meio da garantia de uma equivalência justa dos ônus e benefícios, decorrente da boa-fé que fundamenta a concessão. Nesta perspectiva, a comutatividade é assegurada com a realização da maior igualdade possível entre as obrigações e vantagens estabelecidas, tendo em vista que somente equilíbrio entre elas pressupõe a justiça entre as partes, mas há meios capazes de proporcionar também a justiça social no cumprimento do contrato, quando as suas cláusulas considerarem as condições do usuário do serviço e as suas possibilidades em arcar com o pagamento da tarifa.

O equilíbrio substantivo almejado no contrato também segue a tendência da normalização, pois as partes preocupam-se em estipular padrões normais de eqüidade e equilíbrio (repartição dos lucros e vantagens) e formas de resolução dos conflitos, em lugar de estabelecer valores que estariam de acordo com o equilíbrio substantivo. Deste modo, por envolver o equilíbrio a análise de aspectos ou interesses diferenciados que precisam estar em harmonia, é a criação de mecanismos de participação, controle e equilíbrio uma das formas de sua efetivação.[350]

Para a garantia da comutatividade, o contrato de concessão apresenta uma certa mutabilidade, realizada pelo concedente por meio de seu poder de unilateralmente alterar as cláusulas do contrato, conforme já referido anteriormente. As mudanças unilaterais são possíveis dentro dos limites estabelecidos, abrangendo as cláusulas "de serviço" ou regulamentares, que definem as condições, o modo e a forma de desempenho da atividade concedida. A mudança destas cláusulas, no entanto, deve levar em consideração a justa e honesta equação entre as imposições do serviço, e as vantagens obtidas pela sua prestação adequada, realizando o restabelecimento do equilíbrio inicial rompido, por meio da alteração dos benefícios devidos à concessionária, previstos nas cláusulas econômicas. Deste modo, apesar de objetivar a realização do interesse público, razão pela qual pode ocorrer a alteração unilateral das condições inicialmente estipuladas no contrato, a comutatividade garante a equivalência subjetiva, a qual corresponde à equivalência das vantagens ou do equilíbrio entre os benefícios e os ônus assumidos pelas partes, mesmo que não haja certeza do objeto das prestações, pela possibilidade de alteração referida.[351]

A alteração dos contratos no Direito Administrativo é institucionalizada como manifestação da supremacia do interesse público sobre o pri-

---

[350] PORTO MACEDO JR., Ronaldo. Op. cit., p. 93 e 95.
[351] ROCHA, Cármen Lúcia Antunes. Op. cit., p. 72.

vado, com a força do vínculo contratual garantindo a equivalência no sentido de equilibrar os benefícios consentidos ao concessionário e a cargas que lhe são impostas, constituindo a contrapartida dos benefícios prováveis e as perdas previstas.[352] Neste sentido, a prestação dos serviços públicos deve necessariamente guardar um nexo direto com o contrato público, pois o contrato tem as cláusulas firmadas no interesse público e demais princípios da Administração, evitando situação instável e abusiva para o usuário quando do reequilíbrio econômico-financeiro procurando, assim, preservar a sua dignidade.[353]

O amplo emprego da contratualidade provoca a cooperação dos administrados por meio de um controle intenso e constante das condições ajustadas, controle esse indispensável diante da tendência normativa dos contratos, com a qual o juízo do equilíbrio torna-se flexível e adaptável à mudança social,[354] sem admitir a completude prévia em termos de estabelecimento de critérios, pela possibilidade de alteração dos pressupostos de adequação próprios da prestação dos serviços concedidos, dispostos nas cláusulas regulamentares do contrato, e da possibilidade de alteração para a satisfação do interesse público genericamente considerado, o que não quer dizer que não haja limites, tendo em vista que as formalidades da licitação e do contrato são rigorosas.

Todas as exigências legais anteriores à realização do contrato visam a apurar a forma mais adequada para a satisfação do interesse público, de modo que as alterações posteriores são condicionadas a um motivo superveniente capaz de justificar a alteração do contrato, exigindo o restabelecimento da equação a caracterização de um agravamento posterior à formulação da proposta, não bastando a simples insuficiência de remuneração. Também não pode a Administração alegar que a concessionária está auferindo lucros excessivos para eximir-se de eventual pedido de pagamento para equilibrar o ajuste, pois se a proposta estabelece margem de lucro elevada, e a Administração não procedeu à desclassificação, tem a concessionária direito ao recebimento da remuneração proporcional à modificação dos encargos. Neste sentido, a importância de um controle social efetivo, especialmente nas fases que antecedem à contratação, dando ênfase às etapas da licitação que operam a preclusão, para fins de apontar ônus ou lucros desproporcionais, que posteriormente podem ser prejudiciais para toda a comunidade e onerar os cofres públicos.[355]

---

[352] JÈZE, Gaston. Op. cit., p. 392.
[353] FREITAS, Juarez. *O Controle* ... Op. cit., p. 151.
[354] PORTO MACEDO JR.,Ronaldo. Op. cit., p. 91.
[355] JUSTEN FILHO, Marçal. *Comentários* ... Op. cit., p. 527, 533 e 534.

O pedido de restabelecimento do equilíbrio não quer dizer que a Administração não tenha meios de afastá-lo, o que pode ocorrer com a alegação da ausência de elevação dos encargos do particular, ocorrência de evento antes da formulação das propostas, ausência de vínculo de causalidade entre o evento ocorrido e a majoração dos encargos do contratado, culpa do contratado pela majoração dos encargos.[356]

Nesta perspectiva, a discricionariedade administrativa que pode surgir no caso concreto, em função de alteração ou interpretação de cláusulas contratuais, admitindo alternativas igualmente razoáveis, é limitada, devendo assegurar que não haja indefinições capazes de gerar insegurança, por isso a possibilidade de apreciação da razoabilidade ou não da medida adotada. Desta forma, inegável a possibilidade de o Judiciário verificar se o entendimento na esfera administrativa se manteve ou não razoável no caso concreto, fulminando a decisão decorrente se os motivos foram impropriamente qualificados em face do disposto na lei,[357] por meio de ações individuais para a discussão em torno do ajustado contratualmente, bem como outras ações que especialmente visam à proteção dos direitos difusos, matéria que aqui não será enfrentada.

7.2. Intervenção do poder público e modos de extinção do contrato para melhor adequação aos interesses da sociedade

Preliminarmente, convém referir o destaque que Celso Antônio Bandeira de Mello faz sobre a existência de diferentes controles, dependendo da natureza de pessoa pública ou privada prestadora do serviço, dispondo que o mesmo é mais intenso quando a atividade pública descentralizada é exercida por pessoa privada do que quando por pessoa pública, pois as pessoas públicas que realizam as atividades têm capacidade de direito público, e o controle sobre elas se conforma em limites estritos justamente porque reunidos a atividade pública e o exercício por pessoa desdobrada do Estado. De forma diversa, na descentralização de atividade desempenhada por particular, a capacidade deste último não é pública, e a atividade não é própria,[358] e, por manter o Poder Público a titularidade do serviço é permitido um amplo controle sobre o ente descentralizado e a imediata

---

[356] JUSTEN FILHO, Marçal. *Comentários* ... Op. cit., p. 534.

[357] BANDEIRA DE MELLO, Celso Antônio. *Discricionariedade e Controle Jurisdicional*. 2. ed. São Paulo: Malheiros, 1996, p. 91 e 92.

[358] BANDEIRA DE MELLO, Celso Antônio, Modalidades de Descentralização Administrativa e seu Controle. *Revista de Direito Público*, São Paulo, v. 4, p. 51-72, abr./jun. 1968.

retomada do serviço público quando a prestação pelo particular se mostrar contrária ao interesse público.

No regime de delegação da prestação dos serviços públicos, a gradação existente entre os diferentes institutos – concessão, permissão e autorização, respectivamente, é em função do grau de participação e controle do Poder Público na execução do serviço delegado ao particular. Na concessão, conforme foi visto, os investimentos são feitos em grandes proporções, com o objetivo de destinar o serviço a uma universalidade de potenciais usuários, sendo os mesmos responsáveis, em regra, pela remuneração desse serviço, por isso o rigoroso controle e aplicação das medidas necessárias para garantir a sua continuidade e os pressupostos de adequação.

O controle do serviço pelo usuário contribui de modo considerável para que os prestadores e executores dos serviços públicos tenham um empenho em manter as condições do serviço, tendo em vista que o seu poder não se restringe à mera denúncia de irregularidades, mas engloba o poder de exigir a tomada de medidas pelo poder concedente. O direito e o dever de denunciá-las quando ocorrerem na execução de serviços possibilita que o serviço seja mantido no caso de tais irregularidades não serem ilícitas e terem sido sanadas, em face do seu caráter reversível. Quando deixar de ser mera irregularidade, o usuário vai exigir, em caso de omissão, medidas efetivas por parte do poder concedente, as quais requerem uma atuação positiva deste último.

O poder sancionatório do concedente não se confunde com a possibilidade de intervenção e as formas de extinção da concessão, pois a intervenção visa à apuração de infrações que podem ou não resultar na extinção, o que também ocorre com a revogação e a caducidade que são formas de extinção, acompanhadas ou não de punição.

Tomando por base a finalidade almejada, que é o serviço adequado, tem o usuário o direito de exigir a intervenção do poder concedente caso ele permaneça inerte em face da inadequação do serviço, pois a decisão deste último não tem caráter discricionário.[359] A intervenção, por não ter caráter punitivo, é a substituição temporária do concessionário pelo poder concedente, para fins de apurar irregularidades, assegurar a continuidade do serviço, além de propor as medidas a serem tomadas.[360] As hipóteses de intervenção não são elencadas de forma detalhada, mas de acordo com o art. 32, ela é cabível no caso de descumprimento das normas contratuais, regulamentares e legais, ou no caso de inadequação do serviço pela não-observância dos pressupostos do art. 6º, § 1º, da Lei 8.987/95. É feita por

---

[359] BLANCHET, Luiz Alberto. Op. cit., p. 60.
[360] DI PIETRO, Maria Sylvia Zanella. *Parcerias ...* Op. cit., p. 82.

decreto do poder concedente, devendo conter a designação do interventor, o prazo de intervenção, os objetivos e limites da medida (art. 32, parágrafo único).

De acordo com o art. 33, *caput*, da Lei 8.987/95, após a declaração da intervenção, deverá ser instaurado, no prazo de 30 dias, procedimento administrativo para comprovar as causas da medida e apurar responsabilidades, devendo ser assegurado ao concessionário o direito de ampla defesa. A não-observância dos pressupostos legais e regulamentares resulta na declaração de nulidade da intervenção, assegurada a indenização à concessionária, conforme dispõe o art. 33, § 1º, da Lei 8.987/95. Também poderá ser considerada inválida a intervenção, se não houver a conclusão do procedimento em 180 dias, de acordo com o art. 33, § 3º, da mesma Lei.

Com a mesma vinculação à finalidade da boa prestação do serviço público já referida acima para o caso de intervenção, o Estado mantém a prerrogativa de unilateralmente extinguir a concessão, por meio do advento do termo contratual, encampação, caducidade, rescisão, anulação, falência ou extinção da empresa concessionária e falecimento ou incapacidade do titular em se tratando de empresa individual, conforme dispõe o art. 35 da Lei 8.987/95. Conforme a modalidade de extinção, varia o instrumento do qual a Administração se utiliza, quais sejam: 1. Advento do termo contratual: Termo de encerramento da concessão; 2. Encampação: Ato administrativo resultante de lei autorizativa específica; 3. Caducidade: Decreto, independente de lei autorizativa e precedido de processo administrativo com direito à ampla defesa; 4. Rescisão: Descumprimento de obrigações contratuais pelo poder concedente; 5. Anulação: Ato administrativo ou decisão judicial; 6. Falência ou extinção da concessão: Termo de rescisão ou de encerramento.[361]

A encampação é uma das modalidades de alteração asseguradas ao Poder Público, o qual, por motivo de conveniência e oportunidade administrativa, pode assumir diretamente o serviço ou proceder à substituição de outro tipo de serviço capaz de melhor atender aos pressupostos de adequação do serviço quando assim o exigirem as necessidades públicas, servindo de exemplo no tocante ao transporte coletivo a substituição dos antigos "bondes", por meios mais modernos que propiciam maior qualidade e eficiência. Por afetar a extinção antecipada a equação econômico-financeira, o concessionário tem direito à indenização, cabendo-lhe a compensação das importâncias que deixaram de ser recebidas e a importância correspondente ao capital não amortizado dos bens que reverterão ao Poder Público, sob pena de quebra do equilíbrio econômico-financeiro.

---

[361] CINTRA DO AMARAL, Antônio Carlos. Op. cit., p. 85.

A indenização referida deve ser prévia, conforme preceitua o art. 37 da Lei 8.987/95.[362] Neste caso, a inconveniência da contratação geralmente causa prejuízo para a Administração Pública, pois as despesas feitas e a indenização do particular oneram o patrimônio público, devendo esta medida ser utilizada apenas se a continuidade do serviço público causar lesões maiores do que a interrupção, com a devida motivação, sendo passível de submissão ao controle judicial e objeto de ação popular.[363] A discricionariedade de que dispõe a Administração é vinculada aos princípios, ensejando a revogação de um ato válido à verificação da observância aos princípios da proporcionalidade ou da economicidade, para avaliar a relação custo-benefício envolvida e evitar que a medida resulte em danos para o interesse geral.

A caducidade é outro modo de extinguir unilateralmente a concessão antes de vencido o prazo, e, ao contrário da encampação, após a comprovação da inadimplência por processo administrativo, em face da ocorrência de fato comissivo ou omissivo, doloso ou culposo, imputável ao concessionário e caracterizável como violação grave de suas obrigações, resultando na aplicação de sanções ou declaração de caducidade. A declaração é precedida de processo administrativo e ampla defesa (art. 38, § 2º, da Lei 8.987/95), o qual terá lugar depois de comunicadas ao concessionário as falhas e transgressões que lhe são imputáveis, sendo-lhe assegurado prazo para enquadrar-se no exigido contratualmente (art. 38, § 3º, da lei acima referida). Decidida a caducidade, esta se dará por decreto do poder concedente, sem conferir ao concessionário direito à prévia indenização (art. 38, § 4º, da Lei 8.987/95). É assegurado o direito ao valor do capital não amortizado, tendo em vista a reversão dos equipamentos para o poder concedente, mas são descontados os valores correspondentes às multas contratuais e aos danos causados pela concessionária (art. 38, § 5º, da mesma Lei).

O princípio da indisponibilidade do interesse público exige certeza e segurança no cumprimento das prestações pelo particular, podendo a decretação da caducidade ser igualmente exigida pelo usuário para que o concedente cumpra o seu dever, sem lhe ser facultada opção discricionária,[364] mas deve fundamentalmente considerar qual foi a medida do descumprimento por parte do concessionário, tendo em vista que um pequeno descumprimento não atenderá a proporcionalidade, ensejando o vício da medida adotada.[365] Esta forma de extinção também apresenta caráter definitivo.

---

[362] BANDEIRA DE MELLO, Celso Antônio. Op. cit., p. 534 e 535.
[363] JUSTEN FILHO, Marçal. *Comentários* ... Op. cit., p. 569 e 570.
[364] BLANCHET, Luiz Alberto. Op. cit., p. 60 e 61.
[365] BANDEIRA DE MELLO, Celso Antônio. Op. cit., p. 536.

A anulação da concessão é a terceira modalidade de extinção unilateral da concessão, tendo como causa a outorga com vício jurídico. Para Marçal Justen Filho, sendo anulado um contrato, teria o particular direito a uma ampla indenização, com perdas e danos, ou seja, teria o direito de auferir o proveito previsto no contrato, e não apenas à parte executada.[366] O posicionamento que melhor se adequa ao regime jurídico especial pelo qual o Estado mantém as prerrogativas para exercer o serviço conforme seja o melhor para o interesse público não é neste sentido, uma vez que estando o concessionário de boa-fé cabe-lhe indenização pelas despesas efetuadas, e se já estiver com o serviço em funcionamento é assegurada indenização pelos valores dos bens não amortizados,[367] mas não cabe uma ampla indenização por perdas e danos tendo em vista que a Administração tem o poder de autotutela para anular os seus próprios atos quando padecerem de vício, poder esse garantido de forma lícita pelo Ordenamento Jurídico, e por isso legitimador da medida. Pode também ser a opção pela convalidação de determinados atos irregulares na origem como decorrência do princípio da segurança das relações jurídicas e da economicidade, dependendo da solução que for a mais razoável para o interesse público, com a aplicação do princípio da proporcionalidade. Se a via administrativa não solucionar a questão, pode o concessionário recorrer ao Poder Judiciário para solucionar eventual controvérsia.

A rescisão pode ocorrer judicialmente a pedido do concessionário, em caso de descumprimento do contrato por parte do concedente. A rescisão não faculta ao concessionário a interrupção ou paralisação dos serviços antes do trânsito em julgado da sentença, tendo em vista a necessária garantia da continuidade do serviço (art. 39, parágrafo único, da Lei 8.987/95). Esta norma decorre da posição aceita pela maioria dos doutrinadores, de que no direito administrativo não cabe a alegação da exceção do contrato não cumprido, revelando que em face do superior princípio da supremacia do interesse público, deve prevalecer a garantia da prestação do serviço.

Também a falência do concessionário leva à automática extinção da concessão, pela falta de condições em prosseguir na prestação dos serviços. Neste caso, a Administração deverá assumir diretamente a continuidade dos serviços.

Em termos gerais, a relação contratual passa a ser um importante parâmetro para a solução das discussões em torno do cabimento ou não da indenização e do seu montante nos casos de extinção da concessão, por isso não pode ser admitida uma responsabilidade ilimitada por parte do

---

[366] JUSTEN FILHO, Marçal. *Comentários* ... Op. cit., p. 514.
[367] BANDEIRA DE MELLO, Celso Antônio. Op. cit., p. 536 e 537.

Estado. Outra situação decorrente da relação trilateral estabelecida na concessão diz com os limites da responsabilidade das partes contratantes em relação aos usuários e prestadores de serviços. Com a realização da delegação, as pessoas responsáveis pela prestação direta do serviço ficam submetidas a uma responsabilidade objetiva em relação às falhas ou danos que o mesmo provocar, assumindo o Estado a posição de responsável subsidiário e não-solidário,[368] apesar de ser o titular do serviço e ter o dever em retomá-lo, caso o particular deixar de ser o executor direto. No entanto, as contratações que o concessionário estabelece com terceiros estão desvinculadas do contrato de concessão, apesar de auxiliarem indiretamente na prestação do serviço delegado, por isso a responsabilidade se restringe à esfera do concessionário, por ser o serviço assumido por conta e risco deste último.

7.3. O concessionário contratante: limite dos riscos assumidos pelas partes e a possibilidade de beneficiar o usuário

Inicialmente, a concessão de serviços públicos era realizada por meio de empresas privadas, pois representava uma forma de prestação do serviço sem a utilização de recursos públicos e sem conferir ao Estado os riscos. Num segundo momento, o instituto da concessão é utilizado para delegar serviços a empresas estatais sob controle acionário do poder público, com o poder concedente assumindo os riscos do empreendimento pela qualidade de acionista majoritário da empresa, perdendo, com esta modalidade, a vantagem de prestar o serviço sem investir grandes capitais do Estado.[369]

Na atualidade, no entanto, o Estado volta a utilizar-se da concessão de serviços públicos com a delegação para empresas privadas, sem abandonar a possibilidade de concessão a empresas estatais. O sentido da "privatização", em matéria de delegações, justamente encontra o seu fundamento na promoção e gestão privada dos serviços públicos por meio de métodos privados, com a devolução da qualidade de concessionário à empresa privada.[370]

O art. 175 da Constituição Federal refere a natureza contratual da concessão, sendo que por esta previsão haveria ofensa à Constituição com a transferência do serviço público a empresa criada por lei para esta finalidade, mas inúmeras empresas estatais exercem serviços públicos que

---

[368] FREITAS, Juarez. *O Controle ...* Op. cit., p. 89.
[369] DI PIETRO, Maria Sylvia Zanella. *Parcerias ...* Op. cit., p. 55 e 57.
[370] Idem, p. 16 e 18.

deveriam ser prestados por meio de concessão, e o regime aplicado é o das empresas concessionárias. Outro diploma legal que reforça a natureza contratual da transferência do serviço, e não a outorga por lei, é a Lei 8.987/95, ao referir que a delegação se dá por contrato, mas pela previsão à época da entrada em vigor da referida lei, pela redação original dos artigos 21, XI, 25, § 2º, da Constituição Federal, prevendo delegação necessariamente à empresa estatal, esta possibilidade ficou caracterizada.[371] Desta forma, quando o Estado por lei encarrega uma pessoa pública da organização de um serviço, não há concessão nos moldes do regime jurídico próprio deste instituto, apesar de ocorrer no caso concreto, pois a concessão exige a existência de uma relação contratual, materializada na equação econômico-financeira.[372]

Considerando a tendência de a concessão caracterizar privatização em face dos riscos decorrentes da prestação do serviço, e que passam para o concessionário, entende Marçal Justen Filho que a concessão apenas se caracteriza quando atribuída a um particular, e não a uma entidade integrante da Administração, mesmo que assim denominado formalmente o vínculo instaurado.[373] Apesar dos diversos entendimentos com relação à concessionária ser pessoa de direito público ou privado, parece que a opção do legislador foi no sentido de entender possível pessoa de direito público ser encarregada da prestação do serviço público, sob o mesmo regime da concessão para as pessoas de direito privado, ao estipular ressalvas, como a ressalva imposta pelo art. 17, § 1º, da Lei 8.987/95, já referido quando da análise dos aspectos da licitação, que não admite que a concessão a uma empresa estatal seja condicionada ao recebimento de subsídios pelo próprio poder que instituiu a entidade, o que não quer dizer que uma concessionária não possa ser subsidiada pelo poder concedente, mas deve garantir a participação das empresas estatais e privadas em igualdade de condições. Outra restrição é que a empresa estatal está condicionada aos fins definidos pela lei que a instituiu.[374]

No entanto, a atuação por particulares, com a utilização de meios privados para a prestação dos serviços com eficiência é muito mais "contestável" do que aquela atuação direta do Estado, pois como foi visto anteriormente, as concessões podem ser fiscalizadas pelo concedente, usuários, agências reguladoras, além da possibilidade de serem as empresas processadas por perdas e danos, ou sujeitas à falência, sem que haja

---

[371] DI PIETRO, Maria Sylvia Zanella. *Parcerias* ... Op. cit., p. 59 e 61.
[372] PORTO NETO, Benedito. Op. cit., p. 63 e 64.
[373] JUSTEN FILHO, Marçal. *Comentários* ... Op. cit., p. 26.
[374] DI PIETRO, Maria Sylvia Zanella. *Parcerias* ... Op. cit., p. 61.

tolerâncias ou omissões como ocorre, freqüentemente, quando está em jogo o dinheiro público.

Na prestação de serviços públicos por meio do instituto da concessão, a separação absoluta entre o público e o privado fica afastada, pois a existência de interesses públicos e privados traz a conjugação dos meios instrumentais para a sua efetivação, caracterizando especialmente o Regime Jurídico das Delegações a execução do serviço por empresário privado e da utilização de recursos privados, sem ser a noção de público sinônimo de social, nem a noção de privado sinônimo de individual. Neste sentido, a incidência dos postulados de direito privado e a obrigação por parte do concessionário, como ente privado, de assumir os riscos normais na concessão como em qualquer negócio privado, tendo em vista que a sua boa ou má atuação irá se refletir nos resultados provenientes do contrato firmado.

Também a noção assente da concessão como contrato associativo traz a conjugação dos interesses dos participantes e dos usuários, por isso a ausência de conflitos de interesses entre concedente e concessionário, cumprindo as obrigações com base na colaboração e parceria entre o Estado e a iniciativa privada, afirmando a proximidade do público e do privado, mediante garantias mútuas e adequadas que uma das partes deve à outra.[375] Na forma descentralizada de prestação do serviço, não há vontades ou atividades, uma de direito público e outra de direito privado, por ser ela sempre uma só, embora os efeitos possam regular-se por preceitos de direito privado, tendo em vista que, público ou privado, o direito é um só, tendo apenas o agir com base no direito privado a sua delimitação de direito público.[376]

A associação no contrato administrativo é importante por depender a realização do interesse público do regular cumprimento das prestações pelo contraente particular e, assim não sendo, a "Administração que fica em causa e o interesse público a seu cargo que está em perigo". Assim, como referido acima, o contraente particular fica submetido à disciplina do interesse público, que consiste na observância, quando da execução do serviço público, dos princípios jurídicos nos quais se fundamenta a sua realização.[377]

Com a sujeição ao interesse público, nos limites do ajuste entre as partes, e não de forma incondicional, o contratante livremente presta determinado serviço público, por sua conta e risco, para obter o interesse privado na forma de lucro, nos limites estipulados ou oferecidos, mas o

---

[375] WALD, Arnold. Novos Aspectos da Concessão de Obras e Financiamentos. *Revista de Direito Administrativo*, Rio de Janeiro, n. 197, p. 1-9, jul.-set./1994.
[376] PONDÉ, Lafayette. Op. cit., p. 115 e 119.
[377] CAETANO, Marcello. Op. cit., p. 527.

lucro não é uma garantia e não há a exclusão de perdas.[378] Por isso o serviço é do tipo industrial ou comercial, possibilitando a obtenção de lucro,[379] e o regime jurídico deve estar voltado para o regramento da prestação dos serviços públicos pelas pessoas jurídicas privadas, podendo as pessoas públicas assumir a prestação na forma de concessão, na condição de adaptar-se ao regime jurídico próprio.[380]

A parceria com a iniciativa privada tem, na atualidade, o mesmo sentido pelo qual foi originariamente instituída, procurando evitar a utilização de recursos públicos na prestação dos serviços, por meio do ingresso de recursos alheia à receita dos impostos, constituindo um avanço em termos de consolidação da justiça social e econômica, respeitando a esfera do contratante privado com a preservação do equilíbrio econômico-financeiro, conforme referido acima.[381] O particular, assumindo a prestação do serviço, entrará com o capital necessário não só para a primeira instalação, mas também para renovações sucessivas do material, de modo que não haja prejuízo para o regular funcionamento do serviço público. E, determinado bem público utilizado na exploração dos serviços públicos pelo prazo da concessão, apenas se ausenta temporariamente do domínio público para um destino de utilidade pública, sendo que em vez de empobrecer o patrimônio, o bem é devolvido melhorado, em regra, com benfeitorias e instalações efetuadas pelo concessionário no tempo previsto, conforme se verá a seguir.[382]

O instrumento contratual é o mecanismo que garante que ambos os lados da relação fiquem vinculados às cláusulas com a mesma força obrigatória, de modo que, assim como o concessionário não pode faltar impunemente ao estipulado, também o concedente, em face da sua posição de supremacia, não pode subtrair-se das obrigações e compromissos assumidos quando da realização do ajuste,[383] nem pode arbitrariamente reter

---

[378] CAETANO, Marcello. Idem, p. 529 e 530.
[379] LAUBADÈRE, André de. *Direito Público* ... Op. cit., p. 400 e 401.
[380] PORTO NETO, Benedito. Op. cit., p. 66.
[381] WALD, Arnold. Op. cit.
[382] CAMPOS, Francisco. Op. cit., p. 266 e 293.
[383] Apelação Cível n. 595073701, do TJRS, decidida em 27 de março de 1996, de lavra do relator Salvador Horácio Vizzotto, sobre a cassação de concessões dispõe a ementa: "Processual-civil e administrativo, ação ordinária de indenização de danos causados pela Administração Pública Municipal, cassação de concessões outorgadas a empresas privadas para exploração de serviço público de transporte coletivo municipal. Intervenção nas empresas com requisição do respectivo acervo administrativo, instalações e equipamentos técnicos operacionais. Danos comprovados. Responsabilidade Objetiva. Obrigação de reparar independentemente da noção de licitude do ato. Comprovado a saciedade que dos atos administrativos de cassação das concessões outorgadas às empresas autoras para exploração do serviço público de transporte coletivo municipal, seguida de repará-lo integralmente, independentemente da noção de ilicitude da ação do Poder Público Municipal, por se tratar de responsabilidade objetiva (art. 37, par-6, da CF). Sentença confirmada. Apelação desprovida, prejudicado o reexame necessário".

valores alegando possíveis prejuízos, decorrentes do contrato. Não havendo prejuízos definidos, ou havendo elementos fortes que os admitam, deve o contratante, com base em decisão judicial, conseguir autorização para reter valores.[384] Por isso, as vantagens resultantes da concessão integram o patrimônio do concessionário, e os atos da Administração que atentem contra essa garantia, resultam no direito de o concessionário se reintegrar por conta do patrimônio coletivo.[385]

Há situações em que, por assumir o concessionário a prestação por conta e risco próprios, a sua responsabilidade perante os usuários se estende aos atos praticados por terceiro contratado para atuar de alguma forma em atividades inerentes à concessão, apresentando inclusive os atos praticados por terceiro a característica de serem regidos pelo Direito Público quando relacionados com o serviço público, apesar de ser a relação entre eles de Direito Privado. Os terceiros contratados pelo concessionário são uma espécie de prepostos seus, ficando a situação jurídica do concedente, relativamente aos atos praticados por eles, idêntica àquela dos atos praticados pelo concessionário. Desta maneira, pode o poder público responder por atos lesivos do terceiro perante a comunidade e os usuários, mas o Estado também pode responsabilizar o concessionário pelo descumprimento dos deveres impostos ao terceiro,[386] pois a relação jurídica de concessão permanece imutável, bem como a total responsabilidade da concessionária quanto à prestação do serviço concedido.[387]

A contratação referida do concessionário com terceiro não se confunde com a subconcessão, pois esta última produz a transferência, pelo concessionário ao terceiro, de faculdades relacionadas com a gestão dos serviços públicos, sendo parte da concessão desmembrada e transferida a um terceiro,[388] mas o concessionário permanece vinculado à prestação do serviço. O serviço é desempenhado em nome do subconcessionário, criando um vínculo com concedente, visando a assegurar os poderes relacionados com o desempenho, a eficiência e a continuidade do serviço. Como titular do serviço público, cabe ao poder concedente a prática dos atos necessários para a implementação da subconcessão, ficando o subconcessionário em situação de sujeição em face do concedente e do concessionário, sem, no

---

[384] Neste sentido, assim dispõe a decisão do TJRS no Agravo n. 597105956, in Revista de Jurisprudência do TJRS 187/179-182, 1998, conforme a ementa que segue: "Licitação. Retenção de Valores pelo Poder Público contratante, para se ressarcir de possíveis prejuízos decorrentes do contrato. Inviabilidade sem a autorização judicial, porquanto prestados os serviços e aceitos, não se admitindo, outrossim, que o próprio contratante seja juiz de si e da parte com a qual está litigando. Agravo Provido."

[385] CAMPOS, Francisco. Op. cit., p. 285.
[386] JUSTEN FILHO, Marçal. *Concessões* ... Op. cit., p. 278.
[387] CINTRA DO AMARAL, Antônio Carlos. Op. cit., p. 22.
[388] Idem, p. 22.

entanto, dispor o concessionário de poderes exorbitantes no vínculo mantido com o subconcessionário, tendo em vista a relação entre eles ser de Direito Privado. Em situação similar com o concessionário, o subconcessionário também sofre as alterações impostas pelo concedente.[389]

Na transferência, ocorre a desvinculação do sujeito que originariamente contratara com o poder concedente, mas as condições da concessão previamente estabelecidas não alteram, mudando apenas a pessoa jurídica ou consórcio de empresas, que substitui a concessionária no pólo da relação jurídica contratual,[390] o que não é incompatível com a característica *intuitu personae*, por ser a continuidade e a regularidade na prestação dos serviços públicos a razão final da exigência da característica referida. Mas a transferência não pode ser livre, devendo ser eficiente de modo a estar de acordo com a exigência do interesse público.[391] Tanto na transferência como na subconcessão, a característica *intuitu personae* fica assegurada, tendo em vista a exigência de licitação nos dois casos, conforme referido por ocasião da análise dessa característica feita anteriormente.

Para a prestação dos serviços públicos, a incidência dos princípios juspublicistas garante que os bens utilizados pelo concessionário deixem de ser objeto de relações submetidas ao regime jurídico privado, ficando os mesmos vinculados ao regime jurídico de direito público para garantir a continuidade do serviço.[392] Tais bens estão enquadrados em diferentes grupos, de modo que um é constituído pelos bens públicos, e o outro, pelos bens privados do concessionário. Os bens públicos são as vias públicas utilizadas, edifícios, veículos, devendo o concessionário zelar pela manutenção, conservação e aperfeiçoamento, pois está com a sua guarda para a prestação do serviço público, mas o término da concessão implica a reversão dos referidos bens para o Poder Público. Os bens privados utilizados são integrantes do patrimônio do concessionário, sujeitando-se a um regime jurídico especial por não integrarem o domínio do poder concedente. Mas a afetação à prestação do serviço público implica a submissão ao regime jurídico dos bens públicos, não podendo esses bens ser objeto de desapossamento por dívidas do concessionário.[393]

Os bens privados dividem-se em reversíveis e não-reversíveis, considerando que os bens públicos são todos reversíveis. Os bens privados reversíveis são todos os que devem integrar-se no domínio público ao final da concessão. Os não-reversíveis são utilizados pelo concessionário en-

---

[389] JUSTEN FILHO, Marçal. *Concessões* .... Op. cit., p. 279 a 281.
[390] CINTRA DO AMARAL, Antônio Carlos. Op. cit., p. 22.
[391] JUSTEN FILHO, Marçal. *Concessões* .... Op. cit., p. 285 e 286.
[392] DI PIETRO, Maria Sylvia Zanella. *Parcerias* ... Op. cit., p. 87.
[393] JUSTEN FILHO, Marçal. *Concessões* ... Op. cit., p. 215.

quanto durar a concessão, mas extinto o contrato são desafetados, e o concessionário pode dar o destino que quiser.[394]

De um modo geral, as acessões e benfeitorias nos bens imóveis são integradas automaticamente ao domínio público, e os bens móveis, mesmo que imobilizados como as máquinas instaladas nos imóveis, são incluídos nos bens do domínio do particular. A esses bens do particular que não integram automaticamente o domínio público pode ser dado o destino de também integrarem o patrimônio público, ou serem restituídos ao particular. A regra é que todos os bens passam a integrar o domínio público, pois a tarifa é calculada para assegurar a amortização do seu valor.

Assim como referida anteriormente a necessidade de constar a reversão no edital, também no contrato deve estar de forma expressa como condição para poder ser efetuada, sendo ela uma conseqüência da extinção da concessão em face do caráter público do serviço, e por isso indispensável para a continuidade do serviço em favor da comunidade.[395] A reversão pode ser estabelecida para que se opere ao final do contrato, com a devida indenização dos bens do concessionário pelo concedente; e pode ser estabelecida também de forma que, findo o prazo da concessão, os bens sejam considerados de propriedade do ente público, independente de qualquer indenização, mas, neste caso, as tarifas devem ser calculadas para fins de remunerar o capital e amortizá-lo durante a vigência do contrato.[396]

É preciso considerar que o instituto da reversão, que aparentemente é lucrativo pelos bens disponíveis para uma outra concessão, pode não ser assim na prática, pois a perspectiva de perda dos bens é capaz de desestimular o cuidado necessário por parte do concessionário, resultando em perdas para as partes e o próprio usuário. Para evitar essas perdas, o Poder Público deve ficar no direito de optar pela reversão simples e a indenização em dinheiro, devendo na hipótese da amortização ser cobrada do poder concessionário uma indenização pelo tempo de uso e, após a amortização, também pode ser fixado um valor que o concessionário paga para permanecer na posse do bem.

Ainda quanto às vantagens do instituto da concessão, se de um modo ela proporciona vantagens para o Estado, no Direito brasileiro também o concessionário é beneficiado com a ampla proteção que recebe nos ajustes firmados com o concedente, e a doutrina faz uma distinção entre os riscos que são por ele assumidos e aqueles que correm por conta do concessionário, sendo que a partir da análise das espécies de áleas é possível verificar a extensão do risco que cada uma delas assume. Pode o rompimento

---

[394] JUSTEN FILHO, Marçal. *Concessões* .... Op. cit., p. 216.
[395] BANDEIRA DE MELLO, Celso Antônio. Op. cit., p. 539.
[396] CAMPOS, Francisco. Op. cit., p. 293 e 294.

do equilíbrio derivar de fatos imputáveis à Administração ou de situações estranhas a ela, mas a política adotada no Direito brasileiro é no sentido de não responsabilizar de imediato o concessionário pelos prejuízos decorrentes de todos os eventos danosos, tendo em vista que tal situação geraria propostas mais onerosas.[397]

O Ordenamento Jurídico não especifica quais os fatos ordinários ou extraordinários que são passíveis de desequilibrar a equação contratual, por isso a ampla proteção referida, que garante uma recomposição integral do equilíbrio,[398] exceto os casos em que a atuação do concessionário contribui para que certos eventos prejudiquem a relação pactuada.

A álea ordinária corresponde aos riscos normais suportados pelo concessionário e não engloba a variação nos preços dos insumos que compõem a tarifa, conferindo proteção ao concessionário ao dispor sobre o reajuste e a revisão, nos termos dos arts. 9º e § 2º, 18, VIII, e 23, IV.[399] Nesta situação, considerada previsível, o art. 9º da Lei 8.987/95 prevê a fixação da tarifa pelo preço da proposta vencedora da licitação e preservadas pelas regras de revisão previstas na Lei, no edital e no contrato, devendo, por isso, nesta hipótese, o edital de licitação e o contrato indicar os encargos considerados para efeito da recomposição do equilíbrio econômico. Um exemplo de álea ordinária seria a queda da demanda, podendo os prejuízos dela decorrentes ser compensados com subsídios, e não com indenização.[400]

Sendo o particular colaborador da Administração, com a garantia da intangibilidade de remuneração acordada inicialmente, indispensável para assegurar os meios de cumprimento da finalidade objetivada pelo contrato, refere Carlos Ari Sundfeld que as oscilações de preços no mercado, a insuficiência de usuários ou as providências governamentais resultariam no restabelecimento do equilíbrio, e, assim, seria adotado na concessão, indiretamente, o regime de serviço pelo custo, com a garantia de uma margem fixa de lucro.[401] Para Celso Antônio Bandeira de Mello, os prejuízos que decorrem da atuação ineficiente do concessionário, os derivados de estimativas que não correspondem à clientela de efetivos usuários, e as fontes alternativas que não proporcionam os proveitos esperados, fazem parte do risco normal assumido pelo concessionário, mas o equilíbrio econômico-financeiro deve ser sempre vinculado ao teor do contrato, para

---

[397] JUSTEN FILHO, Marçal. *Comentários* ... Op. cit., p. 532.
[398] SUNDFELD, Carlos Ari, Reajustamento de Preços nos Contratos Administrativos. *Revista de Direito Público*, São Paulo: n. 86, p. 79-87, abr./jun. 1988.
[399] BANDEIRA DE MELLO, Celso Antônio. Op. cit., p. 528.
[400] CINTRA DO AMARAL, Antônio Carlos. Op. cit., p. 97.
[401] SUNDFELD, Carlos Ari. Op. cit.

que os contratantes saibam os limites da responsabilidade, e não venham invocá-lo abstratamente.[402] A existência desses limites deve ser considerada especialmente porque o regime da concessão não garante um receita mínima, tendo em vista que o concessionário assume o risco na proporção dos lucros passíveis de auferir.[403]

Na perspectiva desta última posição em matéria de concessões, não é pelo custo, e sim pelo disposto no contrato que o equilíbrio é estabelecido, por isso os riscos assumidos pelo concessionário podem resultar em sucesso ou insucesso econômico, sem que seja assegurada uma margem fixa de lucro ou remuneração, que pode variar para mais ou para menos, mas nada impede o contrato prever subsídios para situações que comprometam o exercício da prestação do serviço, como a queda da demanda, já referida, ou para o fim de proporcionar a modicidade das tarifas, desde que o contrato assim disponha, tendo em vista que a continuidade é um dos pressupostos de adequação do serviço, contribuindo para o cumprimento da finalidade da concessão.

Outra situação é a existência de álea extraordinária, que corresponde ao risco imprevisível, inevitável e não-imputável. A álea extraordinária se subdivide em álea administrativa e álea econômica. Na administrativa, é invocável a teoria do fato do príncipe, pela qual o concedente deverá indenizar integralmente o concessionário se, por ato seu, agravar a equação econômico-financeira pela incidência de ônus na esfera do concessionário.[404] Além do fato do príncipe, também é abrangido pela álea administrativa o poder de alteração unilateral do contrato e a teoria do fato da administração.[405]

Na álea econômica, é invocável a teoria da imprevisão, e o resguardo do concessionário é completo, sendo o prejuízo sofrido inteiramente pelo concedente. Assim, somente a álea econômica extraordinária e extracontratual desequilibrando totalmente a equação financeira autoriza a aplicação da teoria da imprevisão, não podendo a sua aplicação ser confundida com a possibilidade de revisão do contrato e preços.[406] A instabilidade econômica e social manifestada por greves, crises econômicas, desvalorização da moeda, representa as causas principais do estado da imprevisão.[407] A proteção ampla que a legislação pátria confere não é uma tendência unânime em outros países, nos casos de surgimento de circuns-

---

[402] BANDEIRA DE MELLO, Celso Antônio. Op. cit., p. 532 e 533.
[403] FREITAS, Juarez. *Estudos* ... Op. cit., p. 42.
[404] BANDEIRA DE MELLO, Celso Antônio. Op. cit., p. 529 e 531.
[405] DI PIETRO, Maria Sylvia Zanella. *Parcerias* ... Op. cit., p. 94.
[406] LOPES MEIRELLES, Hely. *Direito Administrativo Brasileiro*. 23. ed. São Paulo: Malheiros, 1998, p. 212 e 213.
[407] PELLEGRINO, Carlos Roberto. Op. cit.

tâncias sobrevindas e imprevisíveis, passando a Administração e o concessionário a compartilhar os riscos, com o fim de evitar um colapso no serviço concedido e, não sendo possível por acordo, há uma submissão para que um juiz decida com base nas circunstâncias concretas e no disposto no contrato. Aqui a teoria da imprevisão não representa uma garantia ao concessionário, mas um mecanismo capaz de assegurar o fim público do serviço em circunstâncias anormais.[408]

O fato da administração relaciona-se com o contrato, por meio do exercício do *ius variandi* atuando especificamente na modificação do objeto contratual, o que implica a economia do contrato. O fato do príncipe é praticado pela autoridade pública como tal, e alude a medidas administrativas gerais que repercutem indiretamente no contrato, tornando-o mais oneroso para o contratante, sem culpa deste último.[409] No art. 9º, § 3º, a previsão de criação, alteração ou extinção de quaisquer tributos ou encargos legais são situações para a invocação do fato do príncipe, enquanto a previsão de alteração unilateral do § 4º do mesmo artigo dá ensejo à invocação do fato da administração.[410] Um exemplo de alteração unilateral seria a não-homologação pelo poder concedente do reajuste, o que enseja uma compensação financeira por meio de pagamento de indenização.[411]

A concessão de serviços públicos beneficia o Estado por meio dos bens que revertem para o patrimônio público, beneficia o concessionário com os lucros e a ampla proteção que lhe confere, mas também representa vantagem para o usuário, que tem assegurada a prestação de um serviço melhorado e paga pelo serviço que efetivamente utiliza, sem a incidência obrigatória característica dos tributos. Neste sentido, a importância de buscar tarifas módicas, que sejam proporcionais ao serviço efetivamente utilizado, para que a tarifa represente a remuneração pelo serviço recebido a contento.[412]

7.4. Participação democrática por meio do controle social da adequação do serviço

O Regime Jurídico de Direito Público mantém os mecanismos necessários para que seja preservado o interesse público, e a participação do cidadão no controle da prestação dos serviços é um dos meios para tanto,

---

[408] ENTERRÍA, Eduardo Garcia de; FERNANDEZ, Tomás-Ramón. Op. cit., p. 657, 660 e 661.
[409] Idem, p. 656.
[410] CINTRA DO AMARAL, Antônio Carlos. Op. cit., p. 75.
[411] Idem, p. 97.
[412] ABREU, Odilon R. Op. cit.

pois também visa à proteção dos interesses da coletividade, além de ser uma forma de tornar realidade a democracia participativa. O usuário, em face da garantia dos direitos e deveres assegurados no contrato, é legitimado para exigir o seu cumprimento, sendo a relação com ambas as partes uma relação legal, precedente inclusive à assinatura do contrato de concessão. Os direitos do usuário decorrem da Constituição Federal, da lei, dos termos do edital e do contrato.

Para a garantia do Estado Democrático de Direito, tem o Estado a sua atuação baseada na observância do princípio da legalidade, e a não-observância desse princípio dá origem à participação por controle. O controle é a forma de modificar as atuações estatais ilegais e ilegítimas, fazendo com que fiquem em conformidade com o Ordenamento Jurídico, para fins de atender à finalidade pública, zelando especialmente pela dignidade da pessoa humana, que representa a prioridade em matéria de controle, impondo limites à atuação do agente público, e, conseqüentemente, impedindo que seja invocado em vão o interesse geral em detrimento de um interesse lícito do cidadão.[413] Mas o controle do cidadão com relação aos atos administrativos apenas é possível com a garantia da publicidade, servindo o princípio da publicidade de instrumento para a concretização do fim pretendido, no caso da concessão em análise, a prestação do serviço público nas condições legalmente impostas.

Para Fabiana Menezes Soares, tal controle pela participação popular representa um meio de expressão do poder político, e, como tal, não se traduz em faculdade.[414] A participação referida, para Ronaldo Porto Macedo Jr., abrange não apenas a superação da individualidade, mas também representa uma garantia de direito de participação semelhante às garantias civis no direito político,[415] de forma que a participação popular, com as formas recentes de controle do serviço concedido, vai além da participação que se restringia às eleições como manifestação concreta, inovando com a participação direta e individual do cidadão para a efetiva regulação. A participação pode se dar pela via administrativa e pela via judicial, com o fim de proteger a imensa gama de interesses públicos que o Estado não consegue mais proteger sozinho,[416] considerando que o fator que caracteriza a evolução em matéria participativa é o cidadão comum assumir o estatuto ativo de fiscalizador das essenciais relações de consumo de serviços públicos.[417]

---

[413] FREITAS, Juarez. *O Controle* ... Op. cit., p. 55 e 148.
[414] SOARES, Fabiana de Menezes. Op. cit., p. 75 a 77.
[415] PORTO MACEDO JR., Ronaldo. Op. cit., p. 231.
[416] DI PIETRO, Maria Sylvia Zanella, Participação Popular na Administração Pública. *Revista de Direito Administrativo*, Rio de Janeiro: n. 191, p. 26-39, jan.-mar./1993.
[417] FREITAS, Juarez. *O Controle* ... Op. cit., p. 156.

Norberto Bobbio refere que o Estado Democrático de Direito é o Estado dos cidadãos e, em face dele, são garantidos aos indivíduos não só direitos privados, mas também direitos públicos.[418] Já com a Revolução Francesa ficou consolidado o reconhecimento jurídico de duas facetas humanas, com o homem exercendo a sua liberdade individual de um lado, e, de outro, o cidadão atuando no Estado em prol do bem comum.[419] No entanto, na atualidade ainda existe uma série de dificuldades para fazer com que a participação popular seja plena, apesar de a Constituição Federal de 1988 ter trazido consideráveis avanços, quer pela falta de instrumentos de participação que precisam de regulamentação legal, e esta por sua vez depende de interesse político, ou o próprio desinteresse da população que ainda não tem formada uma consciência participativa[420].

A Lei de proteção do usuário do serviço público ainda está por ser editada, por isso as questões relativas ao mesmo hoje são disciplinadas pelo Código de Defesa do Consumidor. Também no âmbito da prestação do serviço público deve o termo "consumidor" ser entendido no sentido de proteger o sujeito que precisa da proteção, sem abranger sob a mesma denominação os empresários e os consumidores de maneira unitária, ou seja, o pequeno consumidor (destinatário final do serviço) e o grande consumidor (que é um fornecedor). Assim, apesar da possibilidade de haver uma distinção entre usuário e consumidor do serviço público por futura Lei, enquanto não revogado o Código de Defesa do Consumidor, o usuário será consumidor. A autora Cláudia Lima Marques prevê esta possibilidade, e refere que na legislação de criação das agências de regulação e do processo de privatização, os empresários e os consumidores de maneira unitária foram incluídos sob a denominação de consumidor, chamando atenção para o caso de ser feita distinção entre o usuário e o consumidor, como anteriormente referido, o usuário como legitimador de todo o processo, não venha a ser depois objeto de discriminação.[421]

A incidência do Código de Defesa do Consumidor é complementar e em relação aos serviços *uti singuli*, faltando disciplinar o acesso e a criação dos instrumentos de participação do processo fiscalizatório, conforme também a Emenda 19/98 exige.[422] No tocante à finalidade, a incidência do Código de Defesa do Consumidor para a garantia da qualidade, não visa apenas à adequação do serviço nos moldes padronizados para adaptação

---

[418] BOBBIO, Norberto. *A Era dos Direitos*. Tradução de Carlos Nelson Coutinho. Rio de Janeiro: Editora Campus, 1992, p. 61.
[419] SOARES, Fabiana de Menezes. Op. cit., p. 61.
[420] DI PIETRO, Maria Sylvia Zanella, Op. cit.
[421] MARQUES, Cláudia Lima, A Regulação dos Serviços Públicos altera o Perfil do Consumidor. *Revista da AGERGS*, Porto Alegre, n. 1, p. 22-27, 1º sem./1999.
[422] FREITAS, Juarez. *O Controle* ... Op. cit., p. 151.

de técnicas modernas, mas procura especialmente a satisfação do usuário, que tem o direito subjetivo público de exigir o cumprimento do serviço com todas as garantias legalmente estipuladas, pois é o usuário a figura central das relações de consumo dos serviços público, apesar da prestação por delegação.

Na forma indireta de prestação do serviço público, tornou-se indispensável o controle social para a verificação da fidelidade aos princípios regentes da Administração Pública[423] e a conseqüente prestação do serviço nos moldes como se o Estado mesmo o executasse, visando à garantia da transparência e legalidade dos atos, de modo que a Lei 8.987/95 passou a dispor expressamente, apesar de a Constituição Federal já trazer implicitamente a participação democrática em seu art. 175, parágrafo único, II. Mas este não é o único dispositivo constitucional, pois a participação popular também é um direito fundamental, ao dispor a Constituição, no art. 5º, XXXIII, o direito de petição aos poderes públicos em defesa dos direitos ou contra ilegalidades ou abuso do poder.

O princípio da participação, considerado de forma ampla, expressa-se nos direitos que visam ao controle dos governantes pelos governados, interiorizando o poder na sociedade por meio do acesso àqueles que são normalmente seus destinatários.[424] Assim, o princípio da participação faz parte do direito público contemporâneo,[425] e consiste num princípio jurídico constitucional do serviço público, procurando viabilizar que a prestação do serviço esteja ao alcance de todas as pessoas, para fins de criar ou reforçar os graus de cidadania na sociedade,[426] sendo o primeiro de vários direitos reconhecidos ao usuário. Assim, o contrato de concessão tem o usuário não como terceiro, mas como uma das suas partes integrantes, garantido o direito subjetivo público frente ao concessionário e o concedente.[427]

A relação jurídica direta entre a concessionária e o usuário é um pressuposto para a existência da concessão, não mantendo os usuários um vínculo jurídico exclusivamente com a Administração Pública, como ocorre nos contratos de prestação de serviços do Estado com terceiros. O vínculo que une usuários e concessionário não é necessariamente de ordem econômica, por meio da existência da tarifa a ser paga por aquele, mas se

---

[423] FREITAS, Juarez. *Estudos* ... Op. cit., p. 47.
[424] ENTERRÍA, Eduardo Garcia de; FERNANDEZ, Tomás-Ramón. Op. cit., p. 778.
[425] GORDILLO, Agustín. Op. cit., p. 41.
[426] ROCHA, Cármen Lúcia Antunes. Op. cit., p. 97.
[427] FIGUEIREDO, Pedro Henrique Poli de. *A Regulação do Serviço Público Concedido*. Porto Alegre: Síntese, 1999, p. 50.

manifesta também pela possibilidade de tornar exigível a prestação pelo usuário, em face dos direitos estipulados no contrato.[428]

Na moderna concepção do direito do consumidor, o direito de participação não se limita ao direito de reclamar, possibilitando uma participação na gestão e controle do fornecimento de serviços. No âmbito da prestação dos serviços públicos, a participação coloca o administrado numa posição que torna viável controlar mais de perto os custos e a formação do contratos, sendo garantido o controlar diretamente por meio da fiscalização, e indiretamente, pela requisição de informações, auditorias, perícias, sempre que houver indícios de má gestão, falta de produtividade ou qualquer elemento que possa prejudicar o interesse do usuário.[429] Pela amplitude da participação para a determinação do serviço adequado, o atuar do consumidor não pode ser apenas acessório, mas deve possibilitar o acesso aos dados relativos à execução do serviço.[430]

A Lei 8.987/95 destaca o direito à participação democrática na prestação, fiscalização e controle do serviço público pela sociedade, e não mais apenas pelos agentes e órgãos públicos. Neste sentido, o controle social assume o seu papel em todas as fases da prestação do serviço público pelo concessionário, desde o acesso ao serviço público, seu fornecimento e obtenção, a atuação dos interessados na concessão, a ação dos concessionários e todos os elementos que configuram a prestação da atividade.

O princípio da participação democrática dos usuários é desdobrado nas regras relativas à publicidade (art. 5º), à cooperação (art. 29, XII), à fiscalização (arts. 3º, 7º, II, IV e V, 30 e seu parágrafo único e, ainda, 33 da Lei 9.074/95), abrangendo todos os cidadãos e potenciais usuários dos serviços concedidos. A Lei 9.472/97 regulamenta a organização do serviço de telecomunicações, e dispõe sobre os direitos dos usuários. Assegurou ao usuário informações sobre as condições da prestação de serviços (tarifas, preços, dentre outros), prevê a liberdade de escolha (quando viável em face da alteração trazida pela Lei 9.648/98, art. 9º, § 1º), dispõe sobre a não-discriminação quanto às condições de acesso, direito de peticionar perante órgão regulador e órgãos de defesa do consumidor. Também a Lei 9.478/97, ao disciplinar as atividades relativas ao petróleo, dispõe sobre a proteção dos interesses do consumidor, nas questões relativas a preço, qualidade e oferta dos produtos (art. 1º, III). O direito de peticionar junto aos órgãos reguladores (arts. 3º, XI, da Lei 9.472/97, e 18 da Lei 9.478/97) representa uma alternativa complementar para os consumidores.[431]

---

[428] PORTO NETO, Benedito. Op. cit., p. 74.
[429] PORTO MACEDO JR., Ronaldo. Op. cit., p. 201.
[430] FREITAS, Juarez. O Controle ... Op. cit., p. 150 e 151.
[431] Idem, p. 154.

Assim também o art. 22 da Lei 8.987/95 garante um amplo controle nas questões relativas às licitações e contratos por qualquer pessoa, dispositivo que vai na perspectiva do disposto na Lei 8.666/91, que permite a qualquer cidadão a participação em todas as fases do processo licitatório.

Mas os direitos e deveres dos usuários para a obtenção e utilização do serviço previstos no art. 23, VI, da Lei 8.987/95, devem ser delimitados pelo contrato, pois no desempenho da tarefa de fiscalização, o usuário não atua em nome do Estado, razão pela qual os poderes não podem ser muito extensos, sob pena de resultar num verdadeiro caos. No que se refere às associações de usuários, a atuação do usuário é supletiva à do concedente, a fiscalização também deve respeitar os limites da atuação do Estado.[432]

A participação no controle da adequação do serviço por meio da fiscalização do usuário é fator determinante para a realização ou não de uma delegação, pois esta apenas é admitida quando representar o meio mais adequado de satisfazer o interesse público, que, na espécie, consiste na prestação do serviço em condições de excelência, com simultânea redução dos custos públicos e ausência de elevação dos encargos para a comunidade,[433] passando a ser o controle social um fator de contribuição no cumprimento do princípio da economicidade.

Por isso, antes de promover a delegação, a legislação prevê um momento prévio em que o Estado procede à decisão em delegar. Assim, apesar da autonomia que o mesmo tem em decidir desempenha-se diretamente o serviço público ou se delega a particulares, a decisão não pode ser tomada de modo imotivado ou inadequado, de forma que há critérios e procedimentos que são indispensáveis. Para uma decisão em delegar adequada e satisfatória qualquer cidadão tem a faculdade e o interesse em participar, sendo este ato caracterizado pela ampla possibilidade de efetiva participação da comunidade. Neste sentido, a realização de um ato prévio é um mecanismo que possibilita, antes mesmo da realização da concessão, um efetivo controle social dos atos praticados, visando sempre à decisão que melhor se adequar à finalidade almejada.

Com os poderes conferidos ao usuário, deve haver efetivamente uma mudança de mentalidade, construindo-se uma mentalidade "consumerista"[434] no âmbito dos serviços públicos, a fim de que o controle social proporcione reflexos concretos em termos de preservação da vulnerabilidade do consumidor e da proibição de uma onerosidade excessiva.

---

[432] JUSTEN FILHO, Marçal. *Concessões* .... Op. cit., p. 262.

[433] Idem, p. 112.

[434] FREITAS, Juarez, O Controle Social e o Consumidor de Serviços Públicos. *Revista de Direito Administrativo*, São Paulo, n.2, p. 99-105, fev./1999.

Os serviços públicos sociais prestados no âmbito das delegações integram a categoria de direitos fundamentais sociais, sendo a tendência, no que concerne às opções de prestação dessa atividade pelo Poder Público quase ilimitada, em tese, mas numa tentativa de sistematização em quatro "categorias básicas", tais serviços fazem parte daquela relativa às prestações de cunho existencial no âmbito da providência social (fornecimento de luz, água, por exemplo).[435]

Há uma tarefa do Estado de efetivar os direitos sociais, e a delegação é uma forma de efetivação, apesar de não serem serviços típicos na Constituição Federal. Os serviços delegados carregam a dimensão de direitos fundamentais sociais porque têm uma dimensão que afeta os direitos de defesa, assim, se opera uma relativização no que se refere aos direitos fundamentais sociais em relação aos direitos de defesa, que são em princípios subjetivos, pois apesar do caráter programático dos direitos sociais, estes admitem ser subjetivos quando ameaçados os direitos fundamentais mínimos e a dignidade da pessoa humana. Neste sentido, a proteção do Estado, em regra, ocorre de forma mediata, levada a efeito pelo legislador e, subsidiariamente, pelos órgãos do Poder Judiciário.[436]

Desta forma, podem os direitos sociais atuar como direitos subjetivos oponíveis ao Poder Público,[437] no sentido de gerarem para o particular uma prestação dedutível em juízo, pois alguma eficácia lhes é garantida já ao nível da Constituição e independente de intermediação legislativa. Mas a preocupação deste estudo se centra mais no aspecto da efetivação dos serviços, mesmo quando prestados de forma descentralizada, efetivação essa dependente em grande parte da conjuntura econômica, sendo necessário o dispêndio de dinheiro público para eventuais formas de auxílio do Poder Público na busca de tarifas mais acessíveis a todas as camadas sociais. O não-estabelecimento de critérios pela Constituição, no tocante à aplicação dos recursos, faz com que isto seja tarefa dos órgãos políticos, especialmente o legislador.[438] Por isso, o incentivo do Poder Público em assumir tarefas para diminuir as tarifas depende de previsão orçamentária, como para qualquer outro investimento público.

Também na doutrina estrangeira, a conjuntura econômica é fator de efetividade dos direitos fundamentais sociais, por isso, em países onde a

---

[435] SARLET, Ingo Wolfgang. *A Eficácia dos Direitos Fundamentais*. Porto Alegre: Livraria do Advogado, 1998.p. 258, 264.

[436] SARLET, Ingo Wolfgang. Direitos Fundamentais e Direito Privado: Algumas Considerações em torno da Vinculação dos Particulares aos Direitos Fundamentais. In: SARLET, Ingo Wolfgang (Org.). *A Constituição Concretizada:* Construindo Pontes com o Público e o Privado. Porto Alegre: Livraria do Advogado, 2000, p. 126 e 217.

[437] Idem, p. 141.

[438] SARLET, Ingo Wolfgang. *A Eficácia ...* Op. cit., p. 261, 264 e 267.

disponibilidade de recursos não é escassa, podem os direitos fundamentais de primeira geração, no caso concreto, ser tomados como fonte de direitos subjetivos a prestações positivas do Estado, correspondentes aos direitos da segunda geração, com base, fundamentalmente, nos princípios da dignidade da pessoa humana, do direito à vida e à integridade física, contra a diminuição da prestação dos serviços sociais básicos.[439]

Com os avanços tecnológicos e industriais, a prestação do serviço público é uma forma de exercício dos direitos sociais (fornecimento de energia, água, transportes), mas criando essas alternativas também deve assegurar a participação do cidadão, podendo com base no princípio da igualdade, em conexão com os fundamentos do Estado Democrático de Direito, recorrer ao préstimo de um serviço vital.[440] No caso concreto, o direito geral de igualdade pode adquirir um conteúdo material, admitindo tratamento discriminatório em favor de determinado grupo apenas em face de um motivo justo, para garantir que o particular não seja impedido de exercer a oportunidade de acesso ao sistema prestacional existente.[441]

O reconhecimento dos direitos sociais como direitos fundamentais visa à defesa da dignidade da pessoa humana, assumindo uma expressão prática na garantia a cada indivíduo de um mínimo de solidariedade social.[442] Assim, como os direitos à prestação encontram-se intimamente vinculados à tarefa de melhoria, distribuição e redistribuição de recursos, bem como à criação de bens essenciais não disponíveis para todos os que deles necessitem,[443] o controle social é um fator a incentivar o mais importante elemento, que é a organização da comunidade dos usuários-consumidores, pressionando os dirigentes políticos para que cumpram o seu papel de garantidores da qualidade dos serviços públicos, especialmente no relativo à onerosidade excessiva das tarifas,[444] seja controlando o equi-

---

[439] KRELL, Andreas J. Realização dos Direitos Fundamentais Sociais mediante Controle Judicial da Prestação de Serviços Públicos Básicos (Uma Visão Comparativa). *Revista de Informação Legislativa*, Brasília: n. 144, p. 239-260, out./dez. 1999. No direito alemão, sobre um modelo de direitos fundamentais sociais, Robert Alexy, *Teoria de los Derechos Fundamentales*, Madrid, Centro de Estudios Constitucionales, 1997, p. 494, dispõe que, por meio de uma ponderação de princípios, são escolhidos os direitos fundamentais sociais que o indivíduo definitivamente possui, cabendo ao legislador tal escolha. A seguir: "Sin embargo, cabe señalar aquí que no todo lo que existe como derecho social está exigido por derechos sociales iusfundamentales mínimos" (p.496). "De acuerdo con el modelo, el individuo tiene un derecho definitivo a la prestación cuando el princípio de libertad fática tiene un peso mayor que los princípios formales y materiales opuestos tomados en su conjunto. Este es el caso de los derechos mínimos" (p. 499).

[440] KRELL, Andreas J. Op. cit.

[441] SARLET, Ingo Wolfgang. *A Eficácia ...* Op. cit., p. 275 e 276.

[442] ANDRADE, José Carlos Vieira de. *Os Direitos Fundamentais na Constituição Portuguesa de 1976*. Coimbra: Almedina, 1998, p. 345.

[443] SARLET, Ingo Wolfgang. *A Eficácia ...* Op. cit., p. 259.

[444] FREITAS, Juarez. Op. cit.

líbrio do contrato, seja intervindo com atividades concretas para baixar o valor da tarifa ou diferenciá-la para os segmentos da sociedade que dependem desta intervenção para terem acesso ao serviço. Por isso, os esforços do concedente, concessionário e usuários juntos devem estar voltados para proporcionar um mínimo de dignidade à pessoa, criando condições para que se proceda à sua concretização.

Conclusão

O presente estudo teve por objeto central a delegação dos serviços públicos, procurando destacar a forma descentralizada da prestação do serviço público, por meio do exame dos institutos da concessão, permissão e autorização de serviços públicos, tendo em vista representarem opções de prestação de serviços que não exigem, sob certo aspecto, o comprometimento maior da receita pública com serviços que podem ser prestados por particular que apresente as condições exigidas, sendo esta forma de prestação uma tendência que se acentua na atualidade. No decorrer do trabalho, foi possível estabelecer os aspectos que caracterizam cada um do institutos citados, sendo os mesmos diferenciáveis entre si especialmente pelo grau de estabilidade que geram, mas outros fatores como o tipo de serviço, os recursos e tempo necessários para a amortização dos investimentos, bem como a destinação pública ou privada são fatores que auxiliam na diferenciação.

Os demais objetivos do estudo consistiram basicamente na análise dos elementos que formam o regime jurídico da concessão e permissão do serviço público a partir do estudo das normas e princípios que compõem esse regime jurídico. Os dois elementos básicos analisados foram a prestação de um serviço público, cuja titularidade é mantida pela Administração concedente, e a sua prestação por uma empresa capitalista, que assume o serviço por conta e risco, buscando o dado da lucratividade que representa um aspecto inovador na prestação de um serviço público próprio, que na delegação passa a ser prestado por meio da concessão ou permissão. Na prestação, utilizando a modalidade da autorização, os serviços são impropriamente classificados como serviços públicos, sendo prestados apenas no interesse público, pois não atendem a uma universalização de usuários, mas à satisfação do interesse particular do autorizado.

Infere-se a partir da pesquisa que o regime jurídico da concessão e permissão como instrumento composto por princípios e normas a disciplinar a prestação indireta, tem a sua interpretação marcada pelos superiores princípios juspublicistas, vinculando tais princípios à leitura das normas legais e às cláusulas contratuais. Após a análise de uma série de teorias buscando explicar a natureza jurídica dos institutos da concessão e permissão, conclui-se que a opção que melhor se adequa à presença do serviço público é a que confere às duas espécies de delegações referidas a natureza contratual pública, sendo mantidas as prerrogativas próprias da prestação direta do serviço. Parcela dessas prerrogativas pode ser transferida para o concessionário, como decorrência da necessária submissão a um regime jurídico público no que diz com a prestação do serviço público, em face da manutenção pelo Poder Público da irrenunciável titularidade. Não descaracteriza, no entanto, a natureza contratual, a existência de previsões unilateralmente impostas pela Administração, as quais justamente constituem procedimentos prévios à licitação, pois o acordo com o particular se dá com a proposta para a formação do contrato, mantendo o particular ampla liberdade para decidir se quer ingressar na relação contratual, pois a liberdade contratual é elevada à categoria de direito fundamental. Assim, o contrato público se afasta da noção de contrato privado, tendo em vista a supremacia do interesse público sobre o privado, afastando os princípios da autonomia da vontade e da intangibilidade quase absoluta, própria dos contratos privados, apesar da possibilidade de incidência subsidiária de normas privadas.

A prestação por conta e risco do particular não lhe assegura a garantia de lucro, mas a possibilidade de vir a obtê-lo, devendo o agir de ambos os contratantes ser baseado na lealdade e boa-fé, pois os interesses são interdependentes, sem a possibilidade de sacrifício de um deles em detrimento do outro que não estivesse fundado no interesse público, com a garantia da indenização correspondente. A incidência do princípio da mutabilidade que integra o regime jurídico analisado no presente estudo, é o responsável pelas mudanças das cláusulas regulamentares ou de serviço para a adequação do interesse público, e a alteração decorrente não retira a garantia do equilíbrio contratual do particular, protegendo a sua esfera patrimonial por meio da manutenção dos ônus e benefícios, com o contrato estabelecendo a base para a definição da revisão ou da indenização, quando esta for cabível, em caso de extinção do contrato.

O regime jurídico da concessão e permissão não traz apenas a relação entre as partes contratuais, mas também a que vincula as partes com o usuário do serviço, estabelecendo operando uma certa complexidade em face dos mais diferentes interesses, que exigem a devida ponderação no caso concreto. A supremacia do interesse público não é um critério em si de solução dos conflitos, nem a negação dos interesses particulares, mas tem a função de assegurar uma maior valoração do interesse público que se sobrepõe aos demais existentes na sociedade, tendo em vista que o interesse da universalização do interesse público e da subordinação dos atos administrativos à observância do princípio da dignidade da pessoa humana se sobrepõe aos demais.

O Poder Público concedente mantém o poder de estabelecer as condições da prestação do serviço, condições estas a serem estipuladas na fase interna da licitação, visando a conferir a efetiva necessidade da contratação com o particular, sendo que o estabelecimento de tais condições requer muitas vezes uma análise técnica mais aprofundada, exigindo também do concessionário a comprovação de que efetivamente conseguirá cumprir a prestação do serviço nos termos propostos. Estas exigências procuram a melhor proposta, dentro da noção de obrigatoriedade da licitação para a concessão e permissão, para dar cumprimento ao objetivo da otimização ou escolha da melhor proposta.

Por isso, mesmo na fase prévia ao contrato a Administração concedente irá optar para qual dessas condições dará prioridade, sendo necessário este momento prévio para que o contrato possa estabelecer as bases concretas para o efetivo cumprimento. O estabelecimento das fontes alternativas, complementares e acessórias, a realização de maiores ou menores investimentos que representam os custos da adequação, previsão de subsídios, a previsão para quem serão destinados os benefícios da eficiência são formas de diminuir concretamente o valor da tarifa, sem deixar de cumprir inteiramente com o universo de condições impostas.

O Princípio que no Direito Pátrio basicamente fundamenta a busca de uma maior efetividade dos direitos sociais é o Princípio da Dignidade da Pessoa Humana, mas a doutrina alemã não se baseia só neste princípio, considerando também no direito à vida, à integridade física, mediante interpretação sistemática com os parâmetros do Estado Democrático de Direito, talvez servindo de importante ponto de partida para novas construções doutrinárias e jurisprudenciais, cada vez mais comprometidas com a efetividade do direito social, por isso também o processo interpretativo não pode se basear no método lógico-dedutivo, devendo observar a totalidade de princípios e normas constitucionais e infraconstitucionais envolvendo ponderação de valores, considerando especialmente os direitos fundamentais e os valores a eles subjacentes. Para esta doutrina, pode ocorrer que, no caso concreto, os direitos fundamentais da primeira geração sejam tomados como fonte de direitos subjetivos a prestações positivas do Estado, podendo a atuação deste último contribuir para que não se estabeleça apenas a justiça comutativa do contrato, utilizando para o cumprimento dos direitos fundamentais sociais recursos passíveis de distribuição, provenientes das taxas e impostos, não comprometendo outros direitos individuais.

O princípio da dignidade humana por si só já é um fundamento que efetivamente deveria garantir ao indivíduo um mínimo de condições ou comodidades, apesar do reconhecimento de que muitos direitos sociais não são exigidos como direitos jusfundamentais mínimos porque há outras situações que merecem prioridade. Esta questão voltada para a temática tarifária dos serviços públicos essenciais e garantidores de uma vida mais digna e saudável, procura o valor da tarifa ajustado ao mínimo da proporção dos custos. A política tarifária deve considerar que determinadas pessoas, apesar da modicidade da tarifa em face dos custos, precisam ser submetidas a tarifas diferenciadas, neste sentido a importância do reconhecimento de uma função social ao contrato, comprometido com a boa prestação do serviço, mas com a atenção voltada especialmente para a universalização do serviço público.

São esses direitos fundamentais do homem-social, dentro de um Estado Democrático de Direito, preconizado pela Constituição de 1988, que tende cada vez mais a fazer prevalecer os interesses coletivos aos interesses individuais.

A efetividade dos direitos sociais justamente deve ser na perspectiva de uma realização substancial, com mudanças práticas, apesar de muitas vezes não haver lei ordinária disciplinando a matéria, em busca de uma otimização a partir dos princípios garantidores dos direitos fundamentais, dependendo da situação concreta. Com isto não deixam de ser reconhecidos os princípios formais da competência de decisão do legislador democraticamente legitimado e o princípio da divisão dos poderes, inclusive porque mesmo existindo lei ordinária existe a dificuldade com relação aos serviços públicos, pois qualquer subsídio ou incentivo depende de previsão orçamentária, por isso também o controle judicial em muito ainda se limita em analisar a justiça do contrato, faltando-lhe meios para exigir destinação de verbas públicas.

A apreciação dos fatores econômicos para uma tomada de decisão e aos meios de efetivação desses direitos cabem principalmente aos órgão políticos e legislativos, deles dependendo em grande parte a adoção de diferentes medidas complementares, as quais requerem certas prestações materiais do Poder Público. Com a busca de verbas complementares, não fica desvirtuada a noção de modicidade, que não quer significar valor reduzido, pois corresponde à noção de menor tarifa em face do custo e do menor custo em face da adequação do serviço, ou seja, sua análise é feita dentro do contexto dos custos da adequação e do equilíbrio econômico-financeiro, dando-se ênfase para a importância de o Poder Público buscar outros meios de ingresso de recursos, como as alternativas referidas anteriormente, justamente pela possibilidade de trazerem implicações para a tarifa final a ser paga pelo usuário, por mais que também possam ser destinadas para contribuírem na justa remuneração, para que o usuário não seja responsável pelo valor total da tarifa, auxiliando na efetividade dos direitos sociais.

Nesta perspectiva, na análise dos investimentos para a adequação, a justa remuneração e a preservação do patrimônio dos usuários, não pode resultar em decisão que onere de forma desproporcional a tarifa, impondo exigências desnecessárias, ou colocando à disposição um serviço com capacidade de demanda muito superior aos potenciais usuários, sob pena de descumprir com o pressuposto da eficiência, indispensável para a obtenção de resultados. A Lei 9.074/95 refere a questão do "aproveitamento ótimo", o que diz também com o aspecto da eficiência, implicando redução de custos.

A relação do equilíbrio ou justa remuneração no regime da concessão ou permissão, relacionada com o estabelecimento da tarifa justa, busca no controle social auxílio para que o valor da tarifa efetivamente expresse o pagamento devido pelo usuário, exercendo por este controle também o usuário os direitos e deveres estabelecidos pelo regime. Também o concedente, concessionário o Poder Judiciário e as agências reguladoras irão proceder ao controle da adequação do serviço e do equilíbrio contratual. É necessário recorrer aos mecanismos de intervenção ou extinção quando não for possível uma solução voluntária do contratado em proceder conforme o exigido no contrato, sempre buscando uma solução que onere o menos possível os cofres públicos, evitando decisões arbitrárias, capazes de ensejar a responsabilização do próprio Estado pelo agir desvinculado do princípio da proporcionalidade.

A segurança ou estabilidade de uma relação contratual é para minorar decisões fora do critério da razoabilidade, garantindo aos contratantes o cumprimento das obrigações, e também servindo, na espécie de contrato em tela, como um instrumento que estabelece condições para a melhor realização do interesse público, na prestação dos serviços em condições que irão propiciar a universalização da prestação do serviço, com a busca de meios que garantam a realização máxima dos mais importantes interesses integrantes do regime da prestação de serviços públicos concedidos e permitidos, sem deixar que nenhum destes interesses ou valores lícitos seja excluído ou desproporcionalmente avaliado, devendo assegurar a remuneração do concessionário, prestar o serviço observando os pressupostos de adequação, além da tarifa módica ou justa, tudo isso verificando as alternativas ou opções administrativas que integram o contrato no caso em concreto. Esta é a tendência, tendo em vista a influência que tem o Poder Público na determinação de quais condições merecem mais destaque, dependendo da vontade política proporcionar a universalização do serviço público por meio do referido menor valor possível das tarifas. A vontade política também quer significar a destinação de subsídios para determinadas camadas sociais que muitas vezes são impedidas de usufruir um serviço essencial, justamente porque o preço da tarifa vai muito além da possibilidades do usuário de arcar com o pagamento. Neste sentido, o usuário deveria ocupar uma posição de destaque, bem mais acentuada, por isso no controle das relações em que está envolvido, deve sempre ser considerada a vulnerabilidade do consumidor como destinatário final e a proibição da onerosidade excessiva, para a garantia do serviço público essencial.

A investigação sobre os serviços públicos e a temática das tarifas, juntamente com o destaque para importante posicionamento da doutrina alemã sobre a efetivação dos direitos sociais, mostra um pouco da dificuldade da efetivação desses direitos no Direito Pátrio e talvez sirva para contribuir na criação de uma consciência de maximização dos direitos sociais, dando ênfase neste estudo para a possibilidade de um maior acesso aos serviços públicos, por meio de uma política tarifária justa, contribuindo neste sentido o contexto da contratualidade que marca os institutos da concessão e permissão, pois podem ser encontradas alternativas que façam sobressair as condições que efetivamente darão cumprimento ao princípio da dignidade da pessoa humana na prestação dos serviços. Esse princípio não visa sempre a uma redução de custos, pois quando a integridade da pessoa corre risco em face da prestação do serviço, a melhor decisão é no sentido de optar por condições da prestação que proporcionem maior qualidade do serviço, em detrimento do maior benefício econômico, pois as técnicas ou investimentos utilizados para propiciarem maior preservação da integridade geralmente implicam maiores custos, mas este é o ônus que a maior qualidade impõe ao usuário do serviço.

A importância do estudo das normas e princípios do regime de delegação da prestação de serviços públicos se revela com a existência dos mais variados tipos de interesses decorrentes de uma mesma relação jurídica, a qual é regida fundamentalmente pelos superiores princípios juspublicistas responsáveis em garantir a supremacia do interesse público e a máxima preservação dos interesses privados. Nesta perspectiva, a presença do usuário e a possibilidade de um amplo controle social são fatores que podem ser decisivos na efetiva concreção dos princípios da vulnerabilidade e proibição da excessiva onerosidade na esfera dos serviços públicos, ainda faltando meios para que a participação se torne uma prática comum e fator propulsor de amplos e benéficos resultados no âmbito da prestação dos serviços, especialmente para a realização mais efetiva dos direitos fundamentais sociais dos quais os serviços públicos fazem parte.

A participação do usuário do serviço público ainda é uma forma de controle do atos públicos pouco explorada, justamente por fazer parte de um processo que está apenas iniciando, e que ainda é carecedor de uma lei do usuário do serviço público a estabelecer diretivas seguras para uma aproximação da Administração concedente com as necessidades concretas da sociedade.

Referências bibliográficas

ABDO, José Mário Miranda. Regulação em Energia Elétrica: o Caso Brasileiro. *Revista da AGERGS*, Porto Alegre, n. 1, p. 8-12, 1º Sem./1999.

ABREU, Odilon R. Concessões Rodoviárias e Pedágios. *Revista da AGERGS*, Porto Alegre, n. 1, p. 68-71, 1º sem./1999.

ALEXY, Robert. *Teoria de los Derechos Fundamentales*. Madrid: Centro de Estudios Constitucionales, 1997.

ANDRADE, José Carlos Vieira de. *Os Direitos Fundamentais na Constituição Portuguesa de 1976*. Coimbra: Almedina, 1998.

ANUATTI NETO, Francisco, A Defesa da Concorrência e do Consumidor são Fundamentais. *Revista da AGERGS*, n. 1, p. 28-33, 1º sem./1999.

ARANHA BANDEIRA DE MELLO, Oswaldo. Contrato de Direito Público ou Administrativo. *Revista de Direito Administrativo*, Rio de Janeiro, n. 88, p.15-33, abr./jun. 1967.

ASSAD, Luiz Sérgio, A Regulação baseada no Desempenho. *Revista da AGERGS*, Porto Alegre, n. 1, p. 18-20, 1º sem./1999.

BACELLAR FILHO, Romeu Felipe. *Princípios Constitucionais do Processo Administrativo Disciplinar*. São Paulo: Max Limonad, 1998.

BANDEIRA DE MELLO, Celso Antônio. *Curso de Direito Administrativo*. 11. ed. São Paulo: Malheiros, 1999.

——. *Discricionariedade e Controle Jurisdicional*. 2. ed. São Paulo: Malheiros, 1996.

——. Um Caso Paradigmático de Violação ao Direito. *Revista Trimestral de Direito Público*, São Paulo: n. 19, p. 5-18, 1997.

——. Contrato Administrativo: Fundamentos da Preservação do Equilíbrio Econômico Financeiro. *Revista de Direito Administrativo*, Rio de Janeiro, n. 211, p. 21-29, jan./mar. 1998.

——. Modalidades de Descentralização Administrativa e seu Controle. *Revista de Direito Público*, São Paulo, v. 4, p. 51-72, abr./jun. 1968.

BLANCHET, Luiz Alberto. *Concessão de Serviços Públicos*. 2. ed. Curitiba: Juruá Editora, 1999.

BOBBIO, Norberto. *Teoria do Ordenamento Jurídico*. 10. ed. Brasília: Editora Universidade de Brasília, 1997.

——. *A Era dos Direitos*. Traduzido por Carlos Nelson Coutinho. Rio de Janeiro: Campus, 1992.

BONAVIDES, Paulo. *Curso de Direito Constitucional*. 7. ed. São Paulo: Malheiros, 1998.

CAETANO, Marcello. *Manual de Direito Administrativo*. Rio de Janeiro: Forense, 1970. Tomo 1.

CAMPOS, Francisco. *Direito Administrativo*. Rio de Janeiro/São Paulo: Livraria Freitas Bastos S/A, 1958.

CHAVES, Pedro. Ouvidoria Pública é o Usuário Participando da Regulação. *Revista da AGERGS*, Porto Alegre, n. 1, p. 77-80, 1º sem./1999.

CINTRA DO AMARAL, Antônio Carlos. *Concessão de Serviço Público*. São Paulo: Malheiros, 1996.

COELHO, Maria de Lourdes Reyna, Regulação para a Competência. *Revista da AGERGS*, Porto Alegre, n. 1, p. 66-67, 1º Sem./1999.

COUTO E SILVA, Clóvis V. do. *A Obrigação como Processo*. Porto Alegre: 1964. (Mimeo.)

DI PIETRO, Maria Sylvia Zanella. *Direito Administrativo*. 5. ed. São Paulo: Atlas, 1995.

——. *Parcerias na Administração Pública*. 3. ed. São Paulo: Atlas, 1999.

——. Participação na Administração Pública. *Revista de Direito Administrativo*, Rio de Janeiro, n. 191, p. 26-39, jan.-mar./1993.

ENTERRÍA, Eduardo Garcia de; FERNÁNDEZ, Tomás-Ramón. *Curso de Direito Administrativo*. São Paulo: Editora Revista dos Tribunais, 1990.

FACHIN, Luiz Edson. Limites e Possibilidades da Nova Teoria Geral do Direito Civil. *Revista Jurisprudência Brasileira*, Curitiba, v. 172, p. 45-50, 1994.

FARIA, Edimur Ferreira de. *Curso de Direito Administrativo Positivo*. Belo Horizonte: Del Rey, 1997.

FIQUEIREDO, Lúcia Valle. *Curso de Direito Administrativo*. 3. ed. São Paulo: Malheiros, 1998.

FIGUEIREDO, Pedro Henrique Poli de. *A Regulação do Serviço Público Concedido*. Porto Alegre: Síntese, 1999.

FREITAS, Juarez. *A Interpretação Sistemática do Direito*. São Paulo: Malheiros, 1995.

——. *Estudos de Direito Administrativo*. 2. ed. São Paulo: Malheiros, 1995.

——. *O Controle dos Atos Administrativos e os Princípios Fundamentais*. 2. ed. São Paulo: Malheiros, 1999.

——. O Controle Social e o Consumidor de Serviços Públicos. *Boletim de Direito Administrativo*, São Paulo, n. 2, p. 99-105, fev./ 1999.

GASPARINI, Diógenes. *Direito Administrativo*. 4. ed. São Paulo: Saraiva, 1995.

——. Concessão de Serviço Público Municipal. *Revista de Direito Público*, São Paulo, n. 84, p. 180-186, out./dez. 1987.

GODOY, Dagoberto Lima. Tarifa Justa. *Revista da AGERGS*, Porto Alegre, n. 1, p. 39-49, 1º Sem./1999.

GORDILLO, Agustín A. *Tratado de Derecho Administrativo:* La Defesa Del Usuário y Del Administrado. Buenos Aires: Fundación de Derecho Administrativo, 1998. T. 2.

GRAU, Eros Roberto. *Licitação e Contrato: Estudos sobre a Interpretação da Lei*. São Paulo: Malheiros, 1995.

HESSE, Konrad. *Derecho Constitucional y Derecho Privado*. Madrid: Editorial Civitas, 1995.

JÈZE, Gaston. *Principios Generales de Derecho Administrativo*. Buenos Aires: Depalma, 1949. V. 3.

JUSTEN FILHO, Marçal. *Comentários à Lei de Licitações e Contratos Administrativos*. 6. ed. São Paulo: Dialética, 1999.

———. *Concessões de Serviço Público*. São Paulo: Dialética, 1997.

KRELL, Andreas J., Realização dos Direitos Fundamentais Sociais mediante Controle Judicial da Prestação dos Serviços Públicos Básicos (Uma Visão Comparativa). *Revista de Informação Legislativa*, Brasília: n.144, p. 239-260, out./dez. 1999.

LAUBADÈRE, André de. *Droit Administratif Spécial*. Paris: Presses Universitaires de France, 1958.

———. *Direito Público Econômico*. Coimbra: Almedina, 1985.

LÔBO, Paulo Luiz Neto. Dirigismo Contratual. *Revista de Direito Civil da RT*, São Paulo, n. 52, p. 64-78.

LOPES MEIRELLES, Hely. *Direito Administrativo Brasileiro*. 23. ed. São Paulo: Malheiros, 1998.

MARQUES, Cláudia Lima. *Contratos no Código de Defesa do Consumidor*. São Paulo: Editora Revista dos Tribunais, 1995.

———. A Regulação dos Serviços Públicos altera o Perfil do Consumidor. *Revista da AGERGS*, Porto Alegre, n. 1, p. 22-27, 1º Sem./1999.

MEDAUER, Odete. *Direito Administrativo Moderno*. 2. ed. São Paulo: Editora Revista dos Tribunais, 1998.

MUKAI, Toshio. *Licitações e Contratos Públicos*. 4. ed. São Paulo: Saraiva, 1998.

NOVAIS, Elaine Cardoso de Matos. *Estudos de Direito Administrativo em homenagem ao Professor Celso Antônio Bandeira de Mello*. São Paulo: Max Limonad, 1996.

OLIVEIRA, Helli Alves de. Os Serviços Públicos de Energia Elétrica e a Nova Legislação sobre Concessões. In: MEDAUER, Odete (Coord.). *Concessão de Serviço Público*. São Paulo: Editora Revista dos Tribunais, 1995.

PELLEGRINO, Carlos Roberto, Contratos da Administração Pública. *Revista de Direito Público*, São Paulo: n. 92, p. 132-144, out.-dez./1989.

PEREIRA, Cláudia Fernanda de Oliveira. *Reforma Administrativa: o Estado, o Serviço Público e o Servidor*. Brasília: Brasília Jurídica, 1998.

PERLINGIERI, Pietro. *Perfis do Direito Civil: Introdução ao Direito Civil Constitucional*. Rio de Janeiro: Renovar, 1997.

PONDÉ, Lafayette. *Estudos de Direito Administrativo*. Belo Horizonte: Del Rey, 1995.

PORTO MACEDO JR., Ronaldo. *Contratos Relacionais e Defesa do Consumidor*. São Paulo: Max Limonad, 1998.

PORTO NETO, Benedito. *Concessão de Serviço Público no Regime da Lei 8.987/95: Conceitos e Princípios*. São Paulo: Malheiros, 1998.

RAWLS, John. *Uma Teoria da Justiça*. São Paulo: Martins Fontes, 1997.

ROCHA, Cármen Lúcia Antunes. *Estudo sobre Concessão e Permissão de Serviço Público no Direito Brasileiro*. São Paulo: Saraiva, 1996.

RODRIGUES, Carlos Roberto Martins. A Crise e a Evolução do Conceito de Serviço Público. *Revista de Direito Público*, São Paulo, n. 57-58, p. 130-146, jan./jun. 1981.

ROPPO, Enzo. *O Contrato*. Coimbra: Livraria Almedina, 1988.

SALOMONI, Jorge Luiz. *Teoria General de los Servicios Públicos*. Buenos Aires: Ad Hoc,1999.

SARLET, Ingo Wolfgang. *A Eficácia dos Direitos Fundamentais*. Porto Alegre: Livraria do Advogado, 1998.

_____. Direitos Fundamentais e Direito Privado: Algumas Considerações em torno da Vinculação dos Particulares aos Direitos Fundamentais. In: SARLET, Ingo Wolfgang (Org.). *A Constituição Concretizada:* Construindo Pontes com o Público e o Privado. Porto Alegre: Livraria do Advogado, 2000.

SOARES, Fabiana de Menezes. *Direito Administrativo de Participação: Cidadania, Direito, Estado e Município*. Belo Horizonte: Del Rey, 1997.

STRECK, Lenio Luiz. *Hermenêutica Jurídica e(m) Crise* – Uma Exploração Hermenêutica da Construção do Direito. 2. ed. Porto Alegre: Livraria do Advogado, 2000.

SUNDFELD, Carlos Ari. *Direito Administrativo Ordenador*. São Paulo: Malheiros, 1997.

——. Reajustamento de Preços nos Contratos Administrativos. *Revista de Direito Público*, São Paulo, n. 86, p. 79-87, abr./jun. 1988.

TÁCITO, Caio. A Nova Lei de Concessões de Serviço Público. *Revista de Direito Administrativo*, Rio de Janeiro: n. 201, p. 29-34, jul./set. 1995.

TEIXEIRA, J. H. Meirelles. Permissão e Concessão de Serviço Público. *Revista de Direito Público*, São Paulo, n. 6, p. 100-134, out./dez. 1968.

——. Permissão e Concessão de Serviço Público. *Revista de Direito Público*, São Paulo, n. 7, p. 114-138, jan./mar. 1969.

TEPEDINO, Maria Celina Bodin de Moraes. A Caminho de um Direito Civil Constitucional. *Revista de Direito Civil da RT*, São Paulo, n. 65, p. 21-32, jul./set. 1993.

VILLELA, Guilherme Socias. Marco Regulatório – Introdução. *Revista da AGERGS*, Porto Alegre, n. 1, p. 6-7, 1 sem./1999.

WALD, Arnold. Novos Aspectos da Concessão de Obras e Financiamentos. *Revista de Direito Administrativo*, Rio de Janeiro, n. 197, p. 1-9, jul./set. 1994.